U0910322

民俗文化与旅游工艺品设计

成国良　著

中国纺织出版社

内容提要

旅游工艺品是旅游行业发展中产生的一种新产品，也是民俗文化的主要载体之一。目前，我国大部分旅游工艺品都不具有当地特色，针对这种问题，作者撰写了本书，以呼吁旅游工艺品的设计者在设计过程中，要充分结合当地的民俗文化，从而设计出特色鲜明的旅游工艺品。本书从旅游工艺品概述、传统民俗与旅游文化之间的关系、旅游工艺品设计的基本理论、旅游工艺品设计的方法与流程、地方民俗文化的旅游工艺品设计五个方面出发，理论与实践相结合，探讨了我国旅游工艺品的现状和发展。

图书在版编目（CIP）数据

民俗文化与旅游工艺品设计 / 成国良著 . — 北京：中国纺织出版社，2018.5（2025.5重印）

ISBN 978-7-5180-2624-1

Ⅰ. ①民… Ⅱ. ①成… Ⅲ. ①旅游商品—手工艺品—设计 Ⅳ. ① F762.7 ② J528

中国版本图书馆 CIP 数据核字（2016）第 112641 号

责任编辑：武洋洋　　　　责任印制：储志伟

中国纺织出版社出版发行
地址：北京市朝阳区百子湾东里 A407 号楼　邮政编码：100124
销售电话：010-67004422　传真：010-87155801
http：//www.c-textilep.com
E-mail：faxing@e-textilep.com
中国纺织出版社天猫旗舰店
官方微博 http：//www.weibo.com/2119887771
河北晔盛亚印刷有限公司印刷　各地新华书店经销
2018年5月第1版　2025年5月第11次印刷
开本：710×1000　1/16　印张：11.625
字数：245 千字　定价：82.00 元

前 言

随着社会经济的不断发展，人们的生活水平提高了许多，旅游行业也随之发展到了“白热化”的程度。毋庸置疑，旅游工艺品是旅游行业发展中产生的一种新产品，与此同时，它还是民俗文化的主要载体之一。优秀的旅游工艺品源于艺术与文化、艺术与工艺、艺术与材质的完美融合。

很显然，旅游工艺品作为旅游商品的主体，能够给旅游景区带来很大的经济效益，除此之外，还能在一定程度上提升旅游景区的知名度。然而，旅游工艺品涵盖的范围十分广泛，包括漆器、刺绣、木雕、剪纸等等，这些都应与当地的民俗文化有着紧密的联系。目前，我国大部分工艺品都不具有当地的特色，针对这种问题，笔者特撰写本书，以呼吁旅游工艺品的设计者在设计的过程中，要充分结合当地的民俗文化，从而设计出特色鲜明的旅游工艺品。

本书共分五章，第一章概述我国的传统民俗文化，让读者对我国的传统文化有一个更为清晰的认识；第二章重点讨论了传统民俗与旅游文化之间的关系；第三章侧重阐述旅游工艺品设计的基本理论，让读者更深入地了解旅游工艺品的设计，以及旅游工艺品行业发展的趋势；第四章主要围绕旅游工艺品设计的方法与流程进行具体的阐述，同时介绍了一些创意设计的案例；第五章侧重阐述蕴含地方民俗文化的旅游工艺品设计，包括扬州、西溪地区、云南、贵州、湖北、山西以及陕西。

本书力图从基本概念出发建立基本理论体系，同时结合一些设计实例具体阐述，以激发读者的阅读兴趣，增强读者对民俗文化与旅游工艺品设计的全面认识和理解，开阔学习思维。

本书是在参考大量文献的基础上，结合笔者多年的教学与研究经验撰写而成的。在本书的撰写过程中，笔者得到了许多专家学者的帮助，在这里表示真诚的感谢。另外，由于水平有限，虽然经过了反复的修改，但是书中仍然不免会有疏漏与不足，恳请广大读者给予批评与指正。

作者

2017 年 10 月

目　录

第一章　传统民俗文化概述

作为一个中国人，我们应该感到自豪，因为我国的传统文化博大精深。毋庸置疑，民俗是文化不可或缺的重要组成部分。可以说，传统民俗文化既有普遍性又有一定的独特性，如果一个人在某地旅行、从事贸易或文化活动，甚至定居生活，要是不了解当地的民俗文化，那么，轻则闹出笑话，重则发生误会或者造成冲突。由此得知，了解传统民俗文化是非常有必要的。下面，我们围绕传统民俗文化进行具体的阐述。

第一节　民俗的含义、特点及其本质

一、民俗的含义

“民俗”这个词是在西周时期出现的，许多古代文献都有“民俗”一词。在古代文献中，“俗”的本义只是指客观存在的共同认可和遵守的生活模式，是集体意识下的生活认同，与此同时，也是潜意识的自我遵守和群体认同。人们做着那些被认为是合理、合规则、合道德的事情，并世代传承下来。

然而，将民俗学作为独立的人文学科进行研究，我国要落后于西方半个多世纪。19 世纪 40 年代中期，英国学者汤姆斯将撒克逊语的“folk”和“lore”这两个词汇进行了融合，其中，“folk”的意思是民众、民间，而“lore”的意思是学问、知识，这样一来，就合成了一个新词——“folklore”，翻译成中文为“民俗”，它既指民间风俗的现象，又指研究这门现象的学问。

关于民俗，尽管学术界做出过许多定义且存在诸多差别，但根本点是相同的，即民俗就是民间风俗，是直接创造物质财富和精神财富的广大中下层民众在社会生活中传承、相沿成习的经济与社会文化生活模式，与此同时，它也是社会群体在语言、行为和心理上的集体习惯。我们不难看出，民俗起源于人类社会群体生活的需要，它能够在特定的民族、时代和地域

图 1-1-1 伏羲女娲交尾图

中不断形成、扩大和演变，不容置疑的是，它的服务对象就是广大的民众。当然，不同民族和地区的民众由于各自所处的自然与人文环境的差异，逐渐形成了各具特色的生活方式与惯制，从而造就了异彩纷呈的民俗文化。这也就是说，民俗是特定地域的人们在生产、生存和生活过程中所形成的习惯性事象。民俗就是这种来自于民众、传承于民众、规范民众又深藏于民众的行为、语言和心理中的基本力量。无论人们愿意与否，都要置身其间，与此同时，还要深深地受到它的影响。

不容置疑的是，民俗往往能够影响人们的思想，而且它是一种行为规范。人类生命意义包含了两个方面的内容，一是生物学意义上的生命，另一是文化意义上的生命。如果说生物生命的基因是DNA，那么文化生命的基因就是哲学意义上的民俗。举个简单的例子来讲，中国民间四大传说之一的《白蛇传》想必我们耳熟能详，其中的“主要人物”白娘子是一条修炼成人形的蛇精，深受人们的喜爱。中国人从古至今对蛇就有一种敬畏之情，如图 1-1-1 所示，该图为伏羲女娲交尾图，能够充分地体现出古人对蛇的敬畏之情，人们把人面蛇神的伏羲与女娲称为中国人的“始祖”。

学习、了解一定的民俗文化，有助于现代人更好地传承和发展自己的文化传统，还有助于外来人尽快适应、融入当地的生活之中，除此之外，还需要提及的一点是，这还能够在很大程度上帮助研究者深入把握特定的国家、区域、民族或民众群体的真实生活和精神世界。

综上所述，我们可以得出一个结论：民俗文化是特定的国家或民众群体在改造自然发展自己的实践活动中凝聚、升华而成的程式化的不成文的规矩。除此之外，它还是一种在民众中自行传承的且生动活泼的生活文化。因此，了解民俗文化是很有必要的，需引起我们的重视。

二、民俗的特点

经过长期的研究与分析，我们对民俗的特点做出了总结，主要归纳为八个方面，具体如下：

（一）民族性

民俗文化有众多特点，其中，最为显著的特点非“民族性”莫属了。中华文化有着一体多元的结构，显而易见，这主要取决于中华民族的多元一体格局。那么，“多元”指的是什么呢？“多元”指的就是各民族因地域、经济、政治、语言、历史积累、心理素质等因素的差异而各具特色。我们举几个简单的葬俗例子来讲，回族的土葬、藏族的天葬、鄂伦春族的树葬以及门巴族的水葬等，可以说，这些民族的葬俗均为本民族民俗文化传统的外化形式。

（二）集体性

民俗的集体性主要指的是民俗由集体创造、享用，并由集体保存、传承的特征。由此，我们不难看出，民俗事象的产生是集体创造的结果。即使有一小部分的民俗是由某个人所倡导的，但是，需要注意的是，也必须以群体接受和遵从为前提，如果不这样做的话，那么是不能形成民俗的。群体在民俗流传的过程中，还要融入一些新的因素，与时代特点紧密结合，只有这样，才能使该民俗经久不衰。

（三）地域性

地域性是民俗在空间上所显示出来的地理特征和乡土气息。不同的人类群体，他们的生存环境也有所不同，这样一来，他们所创造出来的民俗文化也就出现了较大的差异。这从衣、食、住、行、用等诸多方面都可以得到充分证明。比如，陕北的窑洞、草原的蒙古包等等，这些都能充分地体现出民俗的地域性特征。

（四）模式性

模式性也称为类型性或社会性，它指的是民俗在内容和形式等方面的彼此相似性。经过长期的分析与研究，我们将模式性的含义做出了总结，主要归纳为三个方面，具体如下：

（1）行为方式是模式化的。

（2）具有相对稳定的程序和套路。

（3）包含着特定的意蕴。

（五）传承性

传承性指的是民俗文化在时间上传衍的连续性。我们都清楚，在传统与现代社会中，每个人的成长，都离不开民俗文化的教化和熏陶。从小到大，人们总是受到民俗文化的影响，而且还总是能够从中学到很多东西，比如知识、道德规范等等。与此同时，民俗传承有时又是积极、主动的，这又使民俗文化的传承有目的地进行。例如，在家庭中，长辈对晚辈负有传承责任；在社会上，村落、社区和众多的民间组织对其成员负有传承责任。

（六）时代性

民俗现象是一个历史范畴，在不同的历史时期，民俗的传承和发展总是会受到历史、政治、经济、文化条件的制约，从而赋予其强烈的时代特点。我们举个简单的例子来讲，我国明朝以前的男性，都将头发在头顶上梳成发髻，这一习俗在我国古代延续传承了几千年。可是到了清代，满族统治者为了强迫中原民众臣服于他们的统治，便强行推行满族的剃发梳辫习俗。辛亥革命后，中国的男子先后剪掉了辫子，进而效法西方，将发式留成分发、背发、平头、光头等，直至今天大多数人依然如此。很显然，这能够充分地体现出民俗的时代性。

（七）稳定性

顾名思义，民俗的稳定性指的是民俗一旦产生，就会伴随着人们的生产及生活方式长期相对地固定下来，这样一来，便成了人们日常生活的一部分，而且是不可或缺的一部分。换句话来讲，只要社会稳定，人们的生产方式及生活方式不发生剧烈变革，民俗文化就会稳定保持。民俗文化是在一定的政治、经济、社会和文化基础上形成的，只要经济基础不变，即使社会发生了巨大变革，民俗文化仍然具有稳定性。不容置疑的是，我国经历过无数次的社会变革，其中有些民俗随着历史的发展、社会生产方式和生活方式的改变而逐渐消失，远离了人们的生活；有些民俗则经过某些补充和完善，直到今天还仍有保留。

（八）变异性

毋庸置疑，没有什么事物从古至今是一成不变的，稳定性会包含着一些可变因素，这就是变异性。变异性指的是在民俗传承和扩散过程中引起的自发和渐进的变化。我们都清楚，民俗是靠语言和行为来传承的，这种方式决定了民俗在历时的和共时的传承过程中，不断适应周围环境而做出相应变化。举个简单的例子来说，中国的妇女缠足习俗有着悠久的历史，该风俗是在五代时期形成的，到了清代初年，皇帝明令禁止缠足，虽然如此，该风俗却没有完全消失。中华人民共和国成立后，这个陋俗才被禁止。

三、民俗的本质

经过长期的研究与分析，我们对民俗的本质做出了总结，主要归纳为三个方面，具体如下：

（一）民俗是众人参与的“活动”

民俗是民众创造的，也是民众参与的，这已充分反映在它的集体性特点之中，而“活动”则是民俗的又一本质。民俗总是以特定的活动形式展现的。当然，有些民俗我们至今依然强烈地感受着它的活动性和群众参与性，比如春节、清明、端午、中秋等节日民俗，在中国几乎是全民参与的活动。民俗节日前后，有些城市的电视台甚至还专门辟栏目报告节日交通出行的人流总数和车辆调度等情况。而有些民俗可能我们今天已经感觉不到它的“活动”性质了。举个简单的例子来说，中国人吃饭习惯用筷子无疑是一个生活民俗，天天如此。但是对于中国人来说是已经平淡得几乎消失了民俗色泽的饮食习俗若被放到国际民众大群体中，却是有着奇异光彩的特色民俗事象。因为民俗总是以活动的形式展现，所以，民俗文化除了保留着宝贵的民间草根性质外，更有着其他文化形态难以具备的普遍性、生动性、鲜活性和趣味性。

（二）民俗是秩序严明的“规矩”

民间秩序是社会正常运行的重要保证。从古至今，现实生活中也存在着各种不见文字也无须说明的规矩制约着人们的言行。孩子不懂规矩，父母也会被人轻视，因为“养子不教父之过，养女不教怪娘亲”。尊卑高低、长幼有序，在民俗文化中随处可见。民俗事象形式不同，内涵各异，但秩序都很严明，特定区域中的民众必须遵守特定的民俗规矩。我们举个简单的例子来讲，在广东，每当主人为客人倒茶、斟酒时，客人马上会伸出手指叩桌，在这里，客人做该动作的主要目的是对主人表示感谢。据说这是清代乾隆皇帝与随从微服私访时留下的规矩。一次在饮茶时，乾隆无意中提起茶壶为随从斟茶。堂堂一朝天子为小小仆人倒茶，这让随从惊恐不已，但又不便公开“谢恩”，于是仆人想到了一个方法，那就是伸出手指叩桌，以代叩拜谢礼。之后，很多人都很认同这个方法，这样一来，“叩桌”就成了一种风俗。作为一种感谢的俗规，这一习俗至今盛行在广东一带。当然，今天人们未必会去考证它的真伪，而是几乎无意识地自觉执行着这个规矩。这种谢礼已经是一种风俗，而这种风俗当初则是一种封建秩序的反映。不过当它成为民间风俗的时候，它的秩序内涵已经发生了变化，由政治秩序转变为民间谢礼秩序。

（三）民俗是民间无形的“法律”

民俗作为人类社会群体固有的传承性的生活文化现象，在社会现实中展现出来的，就是民众生活里那些不见文字记载却被世世代代传承下来，大家自觉遵守的各种规矩。特定区域的民众群体对于当地的民俗一般都奉若神明、不假思索地遵照执行。民俗虽然看不见摸不着，但它的规范作用有时并不低于真正的法律。如为保护环境，中国各地曾自行订立很多村规民约。据说福建武夷山区某村《村规》中有“乱砍一棵树，则砍掉一根手指头”的严酷规定。该村村民们世世代代遵守，如今的小村漫山遍野郁郁葱葱，空气清新，风景迷人，引来无数游客观景赏花，成为休闲旅游的好去处。

民间规矩虽然无形，但是，如果你不懂规矩，那么可能会造成很严重的后果。旧中国的民俗中免不了有一些陋俗，诸如女童裹脚、童养媳以及迷信等，很显然，这对人与动物是一种严重的摧残。因此，随着社会的不断进步，这些不良习俗会逐渐消失。

第二节　传统民俗的功能和分类

一、传统民俗的功能

我们在上文中反复提及过，民俗是一种基本的社会文化现象。其实，传统民俗的功能有正功能与反功能之别。经过长期的研究与分析，我们对传统民俗的正功能做出了总结，主要归纳为六个方面，具体如下：

（一）规范功能

民俗的规范功能指的是民俗对社会成员行为的约束和控制作用。在人类的社会生活中，社会规范包含许多内容，经过长期的分析与研究，我们将之总结为四个层面，即法律、纪律、道德、民俗。

可以说，民俗是一种深层次行为规范，它产生最早，而且约束面也是最广的。在社会生活中，法律和纪律是强制性的道德规范，人们对其遵守往往是被动的，因此其约束力也是有限的。而民俗却往往能够在无形中支配着人们的所有行为。从吃穿住行到婚丧嫁娶，从社会交际到精神信仰，人们都在不自觉地遵从着民俗的指令。由此我们不难看出，在日常生活中，人们很难意识到民俗的规范力量，但民俗对人们行为的规范作用却是一种最有力的深层控制。

（二）教化功能

民俗的教化功能指的是民俗对个人的行为方式的教育和潜移默化作用。我们或多或少地了解到，民俗文化是社会生活中普遍存在而又隐藏不露的社会规范，是与所有人感情最亲近、行为最贴近的特殊教育方式。民俗文化对社会有着极大的控制力、调节力和规范力，其教育功能不容忽视。民俗担负着对国民的教育功能，甚至在某种程度上会超越正统文化的作用。民俗活动可以使后人熟悉祖先创造的历史文化，培养人们的各种美德，而且由于潜移默化的作用，可使人产生强烈的文化自豪感。

（三）调节功能

民俗的调节功能指的是通过民俗活动中的娱乐、宣泄、补偿等方式使人类的社会生活和感情得到调剂。我们都不难发现，这种功能在现代社会日益凸显，是其他娱乐方式无法取代的。在一般情况下，民俗事象保存得越完整的地区，人们越能够感受到生活的放松与惬意。现在流行的休闲旅游就是为了满足人们寻求这种调节的需要。

（四）维系功能

民俗文化将群体选择的行为方式予以肯定，奉为圭臬，维持社会生活有规则地进行。民俗不仅规范着社会成员的行为方式，而且维系着群体或民族的文化心理。这种维系功能使社会成员保持着向心力和凝聚力。每个社会群体都生活在特定的自然条件和社会环境中，都有自己独特的历史发展道路和个性鲜明的集体心理。社会成员从某种模式的文化环境中得到熏陶，形成相同或相似的思维方式和价值观念，使他们与自身的民俗生死相随，并从内心深处激发出文化的认同和感情的共鸣。

（五）旅游娱乐功能

民俗文化不仅是民众智慧的结晶和创造，同时也供民众享受和利用。在众多民俗事象中，我们会发现，绝大多数民俗活动都具有娱乐性质，而且这些娱乐性质还是比较浓厚的。即使是比较严肃的宗教习俗，也带有一些娱乐色彩，这就使得民俗文化能够成为一种重要的旅游资源。另外，民俗文化的差异性吸引着旅游者离开自己的常住地去感受异地的民俗风情，享受一种完全不同的文化。旅游目的地的民俗文化能够丰富旅游者旅游活动的内容，扩大旅游者的知识视野，增加旅游的乐趣。以民俗为内容，开展各种旅游活动，已经成为世界旅游的一大热点。

（六）审美功能

民俗的审美功能是指民俗能对社会成员心理产生愉悦的审美作用。传统民俗活动是中华民族历史审美活动的重要载体。人们常言“美在民间”，许多民俗内容如神像、供品、年画、婚嫁用品等本身就以审美功能为主。由此，我们不难看出，民俗审美不仅是人们对美的外部形态的感知，而且包括由感知到想象、理解、再创造的过程，也就是说，通过民俗的感知而美其目悦其心，从而达到悦神悦意的精神境界。

二、传统民俗的分类

我们不难看出，民俗涉及的范围十分广泛，相关学者对民俗进行了分类，而且他们的分类方法有所不同，有的依照有形和无形将民俗文化分为物质民俗和精神民俗两大类的；有的依照个体和社会的分别将民俗文化分为人生交际民俗和社会民俗两大类的；还有根据人类社会生活与生产的区分将民俗分为生产民俗和生活民俗两大类的。这些“一分为二”的分类方法符合逻辑分类的规则，却未必利于人们认识和了解民俗文化。同时因为民俗文化的“团块”性质，导致了民俗文化分类的相对性。民俗文化不同类别之间时有交叉和重叠，所以，实际操作中，人们往往根据民俗文化存在和流传的客观情况，突出民俗文化的主要内容。

经过长期的研究与分析，我们对传统民俗进行了分类，主要分为以下五大类：

（一）日常生活民俗

日常生活民俗是指人们在物质实践活动中，努力使物质为人类服务而形成的使用各类看得见、摸得着的衣冠服饰、饮料食品、居住交通等物品的生活习俗。在一般情况下，这些民俗物为某地所固有，往往就地取材，经过众人共同使用、反复改进而逐渐定型，并在以后的实践中为人们所习惯应用而很少发生改变。日常生活民俗是民俗文化中最为基本、最司空见惯的内容。

（二）社会民俗

社会民俗，也被称为社会组织及制度民俗，它主要指的是人们在特定条件下所结成的社会关系的惯制，它涉及从个人到家庭、家族、乡里、民族、国家乃至国际社会在结合、交往过程中使用并传承的集体行为方式。经过长期的分析与研究，我们将社会民俗做出了总结，主要归纳为三个方面，具体如下：

（1）社会制度民俗。该民俗的内容比较广泛，主要包括习惯法、人生礼仪等。

（2）社会组织民俗。该民俗的内容比较广泛，主要包括血缘组织、地缘组织等。

（3）岁时节日民俗。

（三）语言民俗

语言民俗是指通过口语约定俗成、集体传承的信息交流系统。我们将语言民俗做出了总结，主要归纳为两个部分，具体如下：

（1）民俗语言。民俗语言有广义与狭义之分。我们都清楚，语言是一种文化载体，各个民族、地区都有特定的语言，也就是民族语言和方言，这些都属于广义的民俗语言的范畴。而一些民族或地区流行的，诸如俗语、谜语、歇后语等套语，均属于狭义的民俗语言的范畴。

（2）民间文学。这一类的语言民俗指的是由人民集体创作和流传的口头文学，它包含很多种形式，主要有神话、民间传说、民间故事、民间歌谣等。

（四）精神民俗

精神民俗是指在物质文化与制度文化的基础上形成的有关意识形态方面的民俗，也就是后来人们熟悉的“信仰民俗”。由此，我们能够看出，它是人类在认识和改造自然与社会的过程中形成的心理经验，这种经验一旦成为集体的心理习惯，并表现为特定的行为方式并世代传承，就成为精神民俗。精神民俗的内容十分广泛，主要包括民间信仰、民间巫术、民间思想等。

（五）娱乐民俗

娱乐民俗是中国民俗中最为生气勃勃且具有独特魅力的部分。娱乐民俗包括广泛流行的民间游戏和民间杂艺活动，也包括竞力和竞巧型等多种民间竞技体育活动。娱乐民俗反映的是中国民众性格的另一面。在中国民间，娱乐民俗形式千姿百态，争奇斗艳，是广大民众充分利用各地天时、地利、乡土物产创造出来的，富有浓烈的乡土色彩。

第三节　传统民俗的形成与发展

一、影响传统民俗形成的主要因素

经过长期的研究与分析，我们对影响传统民俗形成的主要原因做出了总结，主要归纳为五个方面，具体如下：

（一）经济因素

物质资料的生产方式是社会发展的决定力量，经济基础决定上层建筑。民俗是一种意识形态，它也依存于社会经济基础，它的形成由社会经济制度所决定并必须要适应经济发展水平。由于自然和社会的原因，中国传统社会产业不同，社会生产水平也有很大的差异，经济条件和特点多种多样，这样一来，就会产生不同的风俗习惯，各民族或地区的习俗惯例都存在很多不同之处。由此得知，各民族的经济生活可以通过各自的民族风俗来体现。

（二）地理因素

人类社会同它所处的自然环境相互作用、相互影响。生活在特定区域的群体，其物质文化生活和精神文化生活都会受到所处自然地理条件的影响，当然，民族风俗习惯的形成也是如此。我们都清楚，我国的国土幅员辽阔，地形十分复杂，除此之外，还有丰富的自然资源与不同的气候，在这些条件的基础上，所形成的民族风俗习惯，显得丰富多彩并各具特色。在这里，还需要提及的是，民俗对自然界具有较强的适应性和选择性，特别是在生产力高度发展的条件下，这种适应性和选择性就越发增强。由此，我们能够看出，地理环境并不是风俗形成的决定因素。

（三）政治因素

统治阶级为了维护自己的统治，对那些不利于自己的民俗，往往以行政手段强制改变。举个简单的例子来说，清朝统治者就以强迫的手段改变了土家族的婚俗。在清代以前，土家族实行的是传统的古老婚俗，男女青年自由恋爱，结婚不坐轿，清统治者在土家族地区实行“改土归流”，以行政的强迫手段，禁止自由结婚，规定婚嫁一定要明媒正娶，要坐轿子。除此之外，统治阶级还通过其正统思想的影响而形成符合其统治思想的民俗。自汉代董仲舒“罢黜百家，独尊儒术”后，儒家思想便成了中国封建社会的正统思想，一些有悖儒家思想的民俗逐渐被否定，而一些符合儒家思想的民俗逐渐形成。

（四）历史因素

民俗是特定历史阶段的产物。从古至今，我国发生了许多影响力极强的事件，与此同时，也诞生出许多著名的人物。人们为铭记或怀念这些人物和事件，形成了与其相关的各类民俗，以表达缅怀、纪念的情感。不容置疑的是，在民俗的发展过程中，或多或少会受到阶级和政治的影响，当权者或是利用落后的民俗愚弄百姓，或是使用强制的手段改变原有民俗，这样做，目的就是适应统治的需要。

（五）宗教因素

一些民俗根本就是由原来的宗教仪式演变而来的，比如各类祭祀仪式。原始宗教中的图腾及祖先崇拜也形成了各民族一些特有的民俗事象，比如，一些少数民族每当春耕时要杀羊等牲畜祭祀自己崇拜的神，以求丰收。古代宗教对中国民俗影响最大的当属道教，很多神话、民间传说都与道教有关，而在农村，办丧事往往要请道士设道场，做法事，建民居、选墓地要看风水也源于道教。外国宗教传入中国后，对以信奉这些宗教为主的民族的民俗有着非常大的影响。佛教对藏族、傣族，伊斯兰教对回族、维吾尔族的民俗的影响可以说是根本性的。

二、传统民俗的发展阶段

我们都清楚，中国民俗有着悠久的历史，它的发展无疑是一个漫长的过程。经过长期的研究与分析，我们对传统民俗的发展阶段做出了总结，主要归纳为以下三个阶段：

（一）第一阶段——史前民俗

史前民俗是指公元前 21 世纪夏王朝建立以前的民俗，即原始社会的民俗。史前民俗是伴随着早期中国人类的出现而产生的。最初，人类像其他动物一样，群居野处，靠简单的采集和捕猎为生。后来，他们开始使用石器，学会了用火，从生食转为熟食，农业的出现与陶器的发明，奠定了中华民族延续了几千年的饮食民俗的基本结构。距今一万八千年前，北京山顶洞人已开始用骨针缝制兽皮衣服，并佩戴兽牙、贝壳等装饰品。后来又发展出以野生植物纤维和蚕丝织衣的服饰习俗。北方先民建造的木骨泥墙房屋和南方出现的干栏式建筑，表明原始居住民俗开始形成。到原始社会末期，人们已经发明了弓箭、车、船等工具。在中国辽阔的土地上. 逐渐形成了以黄河流域为中心的旱地农业区，以长江流域为中心的稻作农业区，以东北、内蒙古和西北为主的渔猎、游牧区，并形成了相应的物质生产与消费的民俗体系。

伴随着物质文化的进步，先民的精神文化也不断发展。这样一来，精神民俗便形成了。语言在劳动和生活中产生、形成，先民们开始创作神话与歌谣。陶器上的绘画、图像、陶塑、骨雕、木雕、岩画等原始艺术，反映了先民审美民俗的出现。由于农业和畜牧业皆是季节性较强的劳动，与之相关的原始宗教逐渐产生，各种自然崇拜、图腾崇拜、祖先崇拜等信仰民俗在先民社会中开始盛行。

史前婚姻习俗经历了族内婚和族外婚两个大的阶段，社会组织习俗则经历了从原始群向母系氏族公社、父系氏族公社的发展。原始社会末期，随着生产力的发展，私有制开始出现，最终导致了第一个奴隶制国家——夏朝的诞生，历史进入了新的一页。

史前时期没有国家机器，在原始社会的氏族生活中，一切按传统习俗办事，因此，民俗是原始社会生活的唯一规范，这是史前民俗的显著特点。

（二）第二阶段——古代民俗

古代民俗是指从夏朝建立到鸦片战争之前这段时期内中国奴隶社会和封建社会的民俗。我们将古代民俗分为了以下两个阶段：

（1）汉末以前。该阶段为中国的主体民族——汉族的形成期，也是中国古代民俗系统的形成期。

（2）汉代以后。该阶段为中国封建社会民俗的发展与繁荣期。

我们或多或少地了解到，夏、商、周三代是古代以中原地区各氏族部落的民俗为中心，兼容周同各族的民俗，初步形成中华民族统一的民俗格局的时期。由于资料有限，夏代的民俗大多都无从考究。商代有大量甲骨文出土，从中可以看出当时民俗仍有浓厚的原始遗风，如事无巨细的占卜、大量殉葬等。到了周代，官方礼仪制度在民间风俗及前两代发展的基础上形成。从相关的史料中，我们能够观察到，“礼”与“俗”已成为两个相互独立而又相互联系的行为规范系统。

从春秋战国到秦汉时期是中国历史上民族大融合的重要时期，随着封建社会制度的确立和大一统王朝的建立，以华夏族为主体，在与许多部落与民族的同化过程中形成了中华民族的主体民族——汉族。秦汉时期是中国封建社会发展的第一个高峰，与此同时，它还是中国封建社会民俗体系形成的主要时期。

三国、两晋、南北朝时期，封建社会的民俗继续发展，至隋唐时期达到了高度繁荣。在这一时期，发生了长时间的民族战争和大规模的民族迁徙与流动，这样一来，南方与北方的民族杂居都扩大了范围，因此，导致汉族与周边民族的民俗融合。北方的匈奴、乌桓、鲜卑、氐、羌等族，南方的蛮、僚、越等族，西南的巴人和濮人大量吸收汉族的文化和习俗，同时，少数民族的风俗也传入汉族地区。汉代以后，岁时民俗逐渐定型，从《荆楚岁对记》中可以看出，绝大多数传统节日及其习俗沿用至今，如春节、清明节、端午节等。

宋、元、明、清是中国封建社会民俗的继续发展与繁荣时期。源远流长的中国民间巫术，如算命、看相、风水等术数，在五代时渐集大成，宋时广为传播。宋代，岁时风俗更为完备，都市民俗较前代更为多样，这些在《东京梦华录》中有细致的描述。辽、金、元三代的统治者虽非汉族，但入主中原后，却逐渐被汉族同化，遵行汉族风俗。明、清两代是中国封建社会从繁荣至衰落的时期，古代民俗在这一时期基本上已成定制，尤其是岁时节日以及相关的民俗活动、各种民间娱乐游戏、民间信仰、宗法组织等，皆成相对固定的模式。

中国古代民俗与史前民俗相比，有三个显著的特点，具体如下：

（1）民族融合的规模远比史前时期大，由此引起民俗的不断交流与同化的规模也比史前时期大；

（2）古代民俗无论如何变化，始终保持着以汉族民俗为主体的基本体系，反映了民俗文化顽强的传承性；

（3）由于这一时期有了国家组织，统治阶级也发展出了一套与“俗”相对应的“礼”，也就是官方礼仪，因此，这两者总是互相影响对方并互相转化，它们之间的关系较为复杂。

（三）第三阶段——近现代民俗

我们都了解，1840 年的鸦片战争开启了我国的近代化大门。因此，顾名思义，近现代民俗指的就是鸦片战争之后的民俗。这时的中国处在历史变革的关键时期，国人的封建传统思想根深蒂固，同时西方的民俗也进入中国，与本土的民俗发生交流与融合，不断创造出符合中国特色的民俗。当下，中国民俗又经历着从传统到现代的演变，特别是改革开放以来，中国人的物质和精神生活方式发生了巨大变化。整个中国民俗体系正在经历急剧的引进、斗争、分化、改组、融合等过程，向既以中国传统特色为主又兼有国际性的民俗体系蜕变。

第四节　传统民俗文化的研究与传播

从根本上来讲，传统民俗文化的传播有以下两种形式：

（1）纵向的传播，即按照历史的发展进程或人类生活的改善规律，依序地由原始社会到古代社会到近代社会到现代社会到今天的现实生活进行传播。

（2）横向传播，即由一个族群向另一个族群，一个地域向另一个地域，一个民族向另一个民族，一个国家向另一个国家由近向远（或有时也存在跳跃式）的传播。

这两种传播形式并不是截然分开或互相之间没有关联的。事实上，许多时候，民俗文化的传播既是历史的纵向传播，同时也是现实的横向传播。如一个族群从一地迁徙到另一地，这一族群同时保持着自己的语言、生产方式和生活方式，一句话，也就是保持着自己的文化，这种文化就是由这个族群从上一辈那儿直接“传播”而来，却又移植在异地生长、开花、结果的。因此，民俗文化传播表现出纵向和横向两种传播形式的有机结合，是一种复合形态。

一、传统民俗文化的纵向传播

民俗文化的纵向传播不仅仅是一种传播的形式，在纵向传播的形式中还存在着许多不同的表达方式，我们也可以把这种不同的表达方式，叫做传播模式。经过长期的研究与分析，我们对传统民俗文化纵向传播的模式做出了总结，主要归纳为以下三个模式：

（一）链式传播模式

传统民俗文化的链式传播主要是指这样一种模式，即民俗义项表现为人与人之间的单向传播，A 传给 B，B 传给 C，C 传给 D，一个一个或一代一代地往下传。非常明显的事例就是匠作生产中的师承关系，它是由师傅传给徒弟这种方式完成的。当徒弟出师后，经过一段时间的独立工作，他可以再将技术和有关生产中的仪式、禁忌传给下面一位。有些行业，不仅制定了有关单传的规定，而且还限定传子不传婿，传媳不传女，以保证家族在行业中的垄断地位。由于传播范畴的局限性，链式传播模式只适应于小生产和小手工作坊的工作需要，对于社会经济的发展有一定的阻碍作用。但它同时也使一种生产方式保持较为独特的特色和技术上的优势，以保证较小需求下的部分人的生存需要。我们在现实生活中经常看到的什么“祖传秘方”“正宗某某某”，便是这种链式民俗文化传播导致的结果。

（二）根式传播模式

传统民俗文化的传播基本上以家庭或家族为单位完成，因此，根式传播结构就显得非常有意义。当然，这里的根式传播模式并非是由上下级等行政或系统来完成结构的，主要体现的是上、下代之间的一种血缘上的关系。这是一种与链式结构不同的关系，它不是由一个个体向另一个个体的单独传播，而是由一个个体向数个个体同时传播。如一个父亲或母亲将自己的以家庭为主的民俗文化义项传承给儿女，并由儿女再传承给更多的下一代。这种传播方式的扩大化，就是家族中由族长之类将自己的家族的民俗文化义项传承给所有家族成员。其中，村规民约、族规族约，便是以这样的方式一代一代地传承下来的。所以，传统民俗的根式传播模式，事实上也是一种异化了的链式传播模式，一种更大规模的代与代之间的传承。

（三）相互传播模式

相互传播模式的传播具有很重要的意义。其原因是，人们对于民俗文化义项的传播，在很多时候是在一种具体的仪式义项进行过程中，在不经意的情况下完成相互之间的传播的。比如，舞龙灯这种由村社出面组织和施行的民俗文化义项，所有的义项，不仅在共同的协作下由村人一起完成，而且所有的仪式和应该传承的内容，也都在这参与的过程中，在相互之间的不断协调和修正过程中，得到传播和保存。对于个体来说，参与是“演示”民俗文化的唯一途径，而“演示”民俗文化仪式又是传播保存民俗文化的唯一途径，共同参与和相互传播，成为一个水乳交融的有机组成部分，两者不可分离不可或缺。这种相互传播的模式，在需要族群共同参加的各种民俗文化义项中，是一种普遍的现象。族群的个体，就在长期的耳濡目染、长期的接触和参与过程中，逐渐地成为一个合格的成员，并且将自己的民俗文化一直传承下去。

二、传统民俗文化的横向传播

民俗文化的横向传播是民俗文化传播的一种重要方式，不仅表达了不同地域之间的民俗文化存在着相互影响，也表达了不同民俗文化之间存在的相互碰撞和交往以及吸收和保存。

经过长期的研究与分析，我们对造成民俗文化的横向传播的原因做出了总结，主要归纳为以下三个方面：

（一）移民迁徙

提到“移民”，想必我们并不陌生。在一般情况下，移民会带着自己的文化样式在另一个居住地上开始与自己的习惯相近的生产与生活，与此同时，还将自己的文化承袭下去。很显然，移民的民俗文化传承在异地的开花与结果是一种民俗文化在更大的区域上的传播。另外，移民在迁入新居住地之后，在一般情况下，会接受一些当地土著民俗文化或与当地土著民俗文化发生碰撞而使传统意义上的固有的民俗文化发生一定程度上的异化或移位，这样一来，便能够形成一种更具适应能力和生命力机制的新的民俗文化。

由此我们不难看出，移民的迁徙不仅表现为人民的大规模流动，更表现为文化的更大区域的传播和在新的地区的生根开花结果。我们都清楚，迁入民无疑会比当地土著民的数量少很多，因此，在保持了一段时期的自有民俗文化之后，往往随着与当地文化交往的不断深化，加上部分原有的生产方式的变化，最终导致了一种现象，那就是民俗文化逐渐当地化，并融入当地的民俗文化主流之中，这样一来，便形成了一种新的民俗文化形态。因此，移民的迁徙，更大的意义是在文化的碰撞和融合之后所带来的对民俗文化的一种宽容和认同精神。

（二）语言传布

语言是文化的载体，随着某种语言使用范围的不断扩大，与之相同的文化也就在语言扩大时得到传播。如以汉族为主体形成的华语普通话及文字，在向各个地区、各个民族和不同国家的推广中，形成了向周边地区的传播扩张。汉族不断地向周边像滚雪球一样滚动发展，除了汉族人不断向周边移民外，一个重要的原因就是由于交往的需要而向周边不断地输出自己的语言和文字。历史上汉族文化圈的形成，不仅是汉民族移民对周边影响造成的，也是汉民族的语言文字系统向周边不断输出造成的。日本、朝鲜、越南等国家，在某个时期都曾流行过汉字，有的国家至今还在运用汉字系统。目前在我国使用普通话和汉字的民族越来越多，他们的文化，包括民俗文化已经越来越表现出同一性。如生活于广东、福建、浙江、江西、安徽等沿海较为发达地区的少数民族畲族，他们的文化就表现出与当地居住民趋于一致的特性。这当中，语言文字的趋同和不断地当地化即汉族化，是最为重要的原因。

语言还随着经商、移民等传统的媒介，跨地区地传播，从而造成民俗文化的远距离传播。如先生、太太、老公、老婆、小姐、广场、花园、家私、生猛海鲜、早茶、午茶、酬宾等词便是随着改革开放的进程从广东传播到全国各地的。同样，随着西方语言尤其是英语运用的不断扩大，西方的一些日常用语和礼节也在现实生活中流行起来，如早安、拜拜、派对、的士、不问女士年龄、忌问工资收入、忌数字 13、女士优先、拥抱礼、亲吻礼、握手礼等。随着现代语言传媒的迅速发展和形式不断多样化，民俗文化的相同性或相似性将越来越多，传播的速度也会有明显的提升。

（三）战争扩张

战争是文化碰撞的最激烈的表现，战争不仅是一种征服，还是一种文化的扩张，因此，战争的最后结果，不仅仅是在建立一种统治的权威，而且是在推销一种强权文化——一种属于战胜方的具有统治权的文化，其中也包括民俗文化。当秦始皇最终统一了六国之后，秦国的文化便成了标准，秦始皇所做的统一文字、统一度量衡、统一驰道、统一法律和货币，并不断到全国各地巡视，刻石立碑，移风易俗，便是战胜方对文化的一种强权推销。所以，对于战争的失败方来说，可能是一种文化的灭顶之灾，但对于胜方来说，则是一种文化传播的最好机会。当元朝的蒙古人入主中原之后，对于中原和南方地区推行的是退耕种草放牧政策，因为这是他们最典型的生存方式，也是他们生存的依托。而当满清入关，占有整个中华大地之后，他们推行的是“留头不留发，留发不留头”，以他们的标准作为所有民族文化生存的唯一标准。前者，由于生存方式问题，战胜方最终不得不放弃而继承汉民族之旧俗；后者则因为属于习惯，最终被强权所征服，汉民族不得不改变数千年来就已形成的“身体发肤，受之父母，不敢毁伤也”的传统。

三、传统民俗文化传播过程中的变异

实际上，传统民俗文化不可能原封不动地流传下来，或多或少地会发生一些变异，这主要是因为社会是不断发展的，还有一个原因就是民俗自身具有一定的局限性。因此，变异无疑成为了传统民俗文化传播过程中的重要环节之一。

经过长期的研究与分析，我们对传统民俗文化传播过程中的变异做出了总结，主要归纳为以下三种情况：

（一）历史纵向传播的变异

这是民俗在历史时间长河中的流变。它是民俗纵向线状因果关系的传递和变更，前后有着清晰的变迁轨迹。现代大城市结婚，新娘子需用小汽车接送。我们或多或少地了解到，上海有些新郎、新娘，两家就是邻居，走不了多长时间就能到对方的家中了。但是，在办喜事的那天，必须要有小汽车的迎送，如果不这样做的话，那么新娘就不出家门。结婚用轿车迎送新娘，从表面上来看，是现代化交通工具带来的时尚，其实并不是如此，它是旧时新娘“坐花轿”迎送古俗的现代化变异。追溯到20世纪20~30年代，上海就出现过花轿与轿车中西结合的中间过渡状态，也就是说，新娘的花轿装在彩车上，或将轿车改装成花轿模样行驶在大马路上招摇过市。由此我们能够发现，这种花轿太麻烦又费财，现在人们都用轿车来代替花轿，只需在车上贴喜字就行了。

从历史的发展考察，花轿虽然是新娘轿车的前身，但是花轿也不是最古的。花轿的原始形态，经民俗学家和人类学家共同研究，追根溯源，发现竟是柳条编的土筐，粗麻编织的大口袋。新娘结婚为什么要坐在这些土玩意儿里面呢？说来简单，远古曾一度大兴抢婚习俗，抢到的女性，哭哭啼啼，拉拉扯扯跑不快，这岂不是要坏大事？干脆，把人当货物装在土筐里或塞在口袋中，一抬了事。由此我们可以看出，新娘成婚的代步工具是由筐袋—花轿—汽车线状纵向传承变异过来的。民俗的纵向传承变异是研究民俗过去和未来的一把钥匙。这对了解民俗的源起和社会诸因素的关系以及预测其将来的发展趋势都是必不可少的。

（二）空间横向传播的变异

一般如同心圆式的，由一个中心点，波状似地向四处扩展。这一形式的传承变异，犹似水面的涟漪，从里向外，一个波圈又一个波圈地连续推进。原有的民俗圈张力大，波圈的移进也强。每个波圈形式上相似，但实际的状态不尽相同，总有一点变化。

我们举个简单的例子来讲，流传广泛的梁山伯与祝英台的民间传说，它实际上是青年男女恋情的一种民俗的艺术缩影。在浙江民间传说中，男的是相公，女的是小姐，女的女扮男装与男的同窗三年，相公竟不知她是女身。两人相别，十八里相送，祝英台处处托物寓情，憨厚的梁山伯就是不知情，白费了祝英台的一番心计，一腔痴情。两人相爱而不能成婚配，最后化蝶双飞翼。梁祝的悲剧，牵动了其他民族少男少女的情怀，故事陆续在西南各少数民族地区民众中流传。故事的情节基本相似，但又深深烙上了流传地区民众生活、思想、文化的特有印记。在白族，梁山伯与祝英台变成了一对劳动者，求学没教室，自己伐木亲手盖，没人伺候，自己挑水又做饭。两人结拜松树下，没有情意缠绵的十八里相送，却有白族男女互递情思中常见的猜谜："哪个一起来下棋？梁山伯与祝英台。什么做棋盘，青天做棋盘。什么做棋子？星星做棋子。棋盘摆面前，山伯不会下。"完全是白族民众世俗生活和男女恋情的风俗画面。民族间的传播是这样，不同地域间也是如此。

中国古代劳动妇女命运的民俗写照，孟姜女故事由北向南扩散，一些情节也就随地域风光、乡土习俗的变化而改变。北方多皇城高台，孟姜女祭奠万喜良后，身穿腐衣登台自杀，使秦始皇美梦成泡影。在南方多江河水泊，孟姜女设计，让秦始皇依意办好万喜良丧事，即投水自尽。秦始皇恼羞成怒，捞起尸体，用铁钉扒肉体。撕下的肉到了水中，成了透明晶莹的银鱼，与当地丰富的渔产相吻合，一派地域风光，地方民俗色彩。民俗在横向传承中，融入了民族性、地方性的变迁踪迹。

（三）纵横交叉传播的变异

这是一种在传播过程中，既有历史过程的因素，也有现实过程的因素，既可能是本土的，也可能结合着外来文化，有信仰的，也有娱乐的等多种因素交叉复合的传播变异形式，这当中有淘汰也有创新，经过长期的存在，形成一种全新的民俗文化内容。

在西安古秦始皇骊山行宫所在地的临潼，当今出产的石榴又大又好，一个足有一二斤重。里面的石榴子白里透红，晶亮晶亮的，像一颗透明的珍珠玛瑙。临潼石榴名震海内。当地人结婚时将它作为新娘的礼品，形成了一种异趣的婚姻习俗，令人注目。可是，这石榴及与之相关的习俗是外面传来的，是两千余年来中外文化融合的产物。汉以前，中国无石榴的记载，古文字也没榴字。公元前 139 年，汉使张骞出使西域到安息国，十三年后返汉，带回安息国（古帕提亚国，因汉使到达时适逢阿萨息尔王朝，故汉书称安息国）盛产的一种瘤状多子水果，取名"安石榴"，"安石"即"安息"的音变，以后简称"石榴"。

为什么石榴为新娘的婚礼所用呢？安息，即现在伊朗所在地。在盛产石榴的扎格罗斯山脉地区，原属古波斯帝国。古波斯女神雅娜希塔手里托着一个装石榴的钵。这位女神在波斯神话中是一位专司人类丰穰多产的女神。进一步考察发现这习俗信仰也不是波斯原有的，显然是继承了古希腊神话习俗的衣钵。古希腊神话中天帝宙斯的妻子赫拉，人称天后，主管人间婚姻和繁衍子孙的大事。她的古代造型是头戴后冠，身穿艳服，右手拿一根神权杖，左手握着一只丰满多子的石榴。古希腊人把人类的繁衍兴旺和多子的石榴联系一起，以石榴多子象征人丁众多。他们创造了石榴多子的信仰习俗，又把它归功于赫拉天后的神力。新兴的波斯帝国，在衰微的古希腊文明上兴盛起来，同时也继承了这一习俗的遗产。后来它又通过安息国的继承，在汉使张骞开通的中亚遥远古道上蔓延、开花、结果。

石榴信仰习俗不仅在中国传承，还在中国发生变异。在古希腊、古波斯，石榴均是主管人类繁衍女神手中神圣的象征物。流传到中国，渐渐变成了赠送新婚夫妇，祝福他们多子多孙的吉祥礼品了。石榴信仰的传承变异，在时空立体化中进行，几千年来连绵不绝，真不愧是民俗纵横传承变异的范例。

四、传统民俗文化传播的载体

民俗文化是一种活的文化形态，它不仅活在人们的现实生活之中，还活在人们的口耳相传和行为规范之中。只有活化的民俗文化形态，才具有现实意义。因此，只有人们承袭的民俗文化，才具有传播的价值，承袭也就是传播，而它最主要的载体，便是活态的人。不过，把人作为民俗文化的载体毕竟过于宽泛，因而会缺乏实际意义，为此，我们把人的行为之中一些特殊传播模式或过程作为民俗文化的载体，从而使我们明显地感受到民俗文化传播的载体所具有的个性意义。

经过长期的研究与分析，我们对传统民俗文化传播的载体做出了总结，主要体现为两个方面，具体如下：

（一）口传身教

大量的民俗，是由民俗传授者通过口传身教向民俗承受者传播的。一个人从小到大，经常受到爷爷、奶奶、外公、外婆、父母、长辈、亲朋好友各种人物的口传面授、身体力行传递的各种习俗的熏陶。笔者在农村采风调查中常见到一些五六十岁以上的民俗传人，大字不识几个，有的就是文盲，但是他们对一年三百六十天，什么时辰是什么节气，什么节俗该有怎样的程序安排了如指掌；甚至对一个人的出生、周岁、学龄、婚娶、寿诞、丧葬，新娘出嫁时，嫁妆怎么拿，红被子在前，还是绿被子在前，红蛋放在何处，小孩如何嬉闹等仪式都一清二楚。谙熟者不仅知道应怎么动作，而且还知道为什么要这样做，民俗的意味是什么等等。你问他们怎么懂这些的，说来很简单，从小耳濡目染，见得多，听得多，跟着大人们干得多，自然而然也就熟识会做了。有的地方风行哭嫁习俗。民间俗信认为“哭哭发发，不哭不发”，姑娘出嫁时不会哭，众人看不起，会哭的，婆家见了日后凡事都会让三分。一般姑娘从五六岁起，凡看到嫁女的就会挤进去听，大一些就跟着哼唱。出嫁时，哭唱三天三夜，众人喝彩，娘家脸上有光彩，教女有方，婆家见了也高兴，讨了一位伶牙俐齿的巧媳妇，门庭风光。可这哭唱不是娘家什么人摆起书堂边教边念边哭唱的，完全是个人在民俗环境氛围感召下，有意无意接受他人口传身教的结果。

口传身教在民俗传播方式中占有重要地位。民俗作为非文献文化，它的传播主要靠人的言行组成的无形的传导流的移动，如金属电子瞬间的对应流动形成电流一般，民俗的口传身教在上、中、下各辈人中间的对位移动也形成了一股特殊的民俗流，将民俗推向一切可以推进的时间和空间的领域中去，延绵不绝。

（二）行为行动

许多集体性的民俗文化义项，人们主要通过观看或参与民俗文化活动来体验或接受民俗文化的内容，如舞龙灯、舞狮子、踩高跷、划龙舟、拔河、摇快船等，都是通过行为行动来传承民俗文化内容的，传承方式也就是民俗文化承载方式。换句话说，传承方式也就是一种特殊的载体，这种载体就是行为和行动。以这种载体来传播民俗文化的事例非常多，如春节时的贴春联、挂年画或门神，元宵节时的点灯、观灯，端午节时的划龙舟、插菖蒲艾叶、悬五色丝以避邪，中秋吃月饼以示团圆，重阳节时的登高、饮菊花酒、插茱萸，祭祀中的各种祭物、祭仪，信仰中的各种膜拜或敬献，婚丧喜庆中的各种活动或布置，民俗娱乐中的各种技巧的学习和掌握以及举手投足之间的各种手势，体表语言的意义和领会其意义的能力等等，它们都通过一定的行为或行动来加以体现，人们就是在长期的耳濡目染过程中接受民俗文化，并通过同样的方式传播民俗文化。因此，行为或行动不仅传播了民俗文化，还承载了民俗文化，行为行动就是民俗文化的载体。

第五节　丰富多彩的中国传统民俗文化

一、衣食住行方面的中国传统民俗

下面，我们分别围绕衣、食、住、行这四个方面，对中国的传统民俗展开具体地论述。

（一）中国服饰民俗

中国有句俗语叫“人靠衣装马靠鞍”，生动地说明了衣服与人的社会地位、文化身份之间的关系，说明了衣服对于人类的重要性。日常生活离不开衣食住行，“衣”是其中最为典型的民俗内容。学习中国服饰民俗，我们不但要了解中国民俗服饰的实用性、民族性、仪式性和寓意性等特点，还应了解汉族服饰民俗的概貌和一些少数民族服饰民俗中的精彩内容，以便加深对中国服饰民俗文化的理解。

经过长期的研究与分析，我们对中国服饰民俗的特点做出了总结，主要体现为四个方面，具体如下：

1. 民族性

中国是由56个民族组成的大家庭，每个民族都有自己独具特色的传统服饰，如汉族的唐装、维吾尔族的袷袢、蒙古族的长袍、朝鲜族的彩虹袄、傣族的筒裙、畲族的凤凰装、满族的“花盆底”鞋、纳西族的披肩、苗族的银饰等，这些具有独特文化内涵和审美意蕴的民族服饰，是各个民族民俗传统的重要组成部分。这些服饰民俗都和每个民族的生产活动和生活方式紧密相连，体现了不同民族别具特色的民俗传统，是各族人民生活智慧的体现，也是区分各民族的外在标志，更是各民族的文化印记。身穿相同民族服饰的人共同传递着一个无声的信息：我们是同一民族的人。同时强化了同一民族的内聚力和文化认同心理。

不同民族对于服饰色彩观念上的差异也是服饰民俗民族特色的反映。如在汉族的服饰民俗中，一般认为白色是不吉利的颜色，不会用于喜庆场合。但是很多少数民族都喜欢和推崇白色，认为白色象征着洁净、神秘和美丽。例如：藏族等少数民族将白色的“哈达”作为吉祥物献给尊贵的客人，土家族、白族都以白虎为图腾，白族、朝鲜族、回族等民族对白色服装很是偏爱。一些少数民族崇尚白色的习俗与他们所处的地理环境有很大关系，如藏族、蒙古族、维吾尔族、鄂伦春族等大多喜好雪山的白色、天空的蓝色、太阳的红色。

中国服饰民俗的民族性也会相互融合。对特定人群而言，服饰民俗的变异性一般不太突出，但不同民族之间的融合，不同文化之间的碰撞，也会在服饰方面得到一定程度的体现。如现在流行于世的中国女性经典服饰“旗袍”（图 1–5–1），原本是清代满族的旗人的服装。随着清朝统治的深入，满族与汉族之间的融合逐渐增强，20 世纪 20 年代初，汉族妇女也模仿着穿旗袍。传统旗袍是上下一条直线，外加高高的硬领。旗袍在演变当中，围绕长短、宽窄、开衩高低以及袖子长短、领口高低的讨论曾经十分热烈。到了 20 世纪 30 年代初期，袍腰开始收缩，到 1934 年后已经缩得很小很小，女性身材的曲线全部显露出来。高耸及耳的领子也逐渐变矮，无领旗袍开始流行。旗袍在发展中越来越贴近时代、贴近生活，脱离了原来的样式，变得经济便利、美观适体。如今，旗袍已经成为中国女性闻名于世的“国服”。

图 1–5–1　旗袍

2. 实用性

服饰的功能首先是实用，在中国传统文化中就有务实的文化观念，受其影响，中国服饰民俗的务实特色非常突出。

生产生活的需要是服饰民俗产生的客观基础，服饰服务于人们的日常生活和生产劳动。服饰的材料和功用也注重与人们的生活生产密切相连，可谓独具匠心。例如：生活在东北地区的赫哲族主要以渔猎为生，他们的衣服、被褥等许多生活用品都是用鱼皮和兽皮缝制而成的，有鱼皮长衫、鱼皮套裤和鱼皮鞋（图 1-5-2）。穿着这种服装捕鱼时不易透水、狩猎时结实耐磨，鱼皮鞋轻巧、暖和、抗湿、防滑；蒙古族主要以游牧为生，脚尖部位上翘的皮靴便于骑马放牧，宽大的蒙古袍在骑马时可以为腰腿御寒，夜里还可以当被子盖，细长的袍袖在冬天可以遮挡风寒，而且夏天还可以驱赶蚊虫。

图 1-5-2　赫哲族的鱼皮服饰

服饰民俗的实用性还表现在服饰设计中几乎始终渗透着人们的务实文化心理。这在童装和婚礼服中表现得比较突出，例如结婚时，一些地区常用特别的服饰来寄托人们的美好祝福，淮河流域曾经流行过穿“五子衣”的习俗，新婚时新娘必须穿一身紫色衣服，“紫”与“子”同音，紫色嫁衣是希望她婚后早得贵“子”，除此之外，还有“五子登科”的寓意。福建地区的畲族婚礼，新娘离家时母亲要为女儿扎上一条红腰带。这条腰带长 4 米，宽 1 米，是当地人用来背婴儿的，新娘在新婚这天使用，是娘家对她的祝福与求吉。流行于台湾、浙江等地的传统新婚服饰，如头插铁彩金箭是为了驱邪，胸前挂天宫锁、照心镜，肩上挂子孙袋，手臂缠银圆等等，每一件服饰的款式和名称中都包含着祝福、驱邪，保佑新人，祈福后代的良苦用心。

3. 寓意性

民俗文化本身就是一种带有较多象征寓意的文化。中国民俗服饰的寓意主要表现在色彩、图案、花纹以及配搭等方面，往往都具有一定的象征意义，如中国童装上的刺绣或印染的花纹图案以及儿童佩戴的长命锁、项圈等都寄予了人们祈求孩子吉祥平安健康成长等美好的愿望，再如中国纳西族妇女服饰中披在褂子外面的羊皮披肩，显示的是纳西族妇女辛勤劳动的美德。

服饰民俗的寓意性还表现在服饰禁忌风俗中。服饰禁忌多出自民间，同人们最初的鬼神信仰有关，流露出较强的原始崇拜迹象。如在服饰用色上，每个民族都有各自的贵、贱、吉、凶的观念；在汉族服饰民俗中，白色和黑色都被视为凶色，尤其忌讳全身穿戴白色服饰，因为这是服丧时的装扮；绿、碧、青等颜色被视为贱色，只有娼妓、优伶的服装才用这些颜色。旧时民间还忌讳将妇女和孩子的衣服夜间晾挂在屋外，小孩的衣服不能挂在高处，因为夜间、高处会有鬼怪出没；忌讳衣服的扣子数为双数，因为俗话说“四六不成材”，扣子为双数会影响到人的成功；寿衣忌讳用缎子面料，“缎子”与“断子”谐音，不吉利；忌讳反穿衣服，因为有的地方只有寡妇改嫁时才反穿罗裙；男子忌讳戴绿头巾、绿帽子，因为在传统观念中绿色被认为是低贱的颜色，后来成为配偶不忠的代名词，若妻子不忠、有外遇，其丈夫即被人们称作“戴绿帽子”。如今，旧时民间很多的服饰禁忌已经消除或淡化，只有男人戴绿帽子和女子系白头绳仍属服饰大忌。

4. 礼仪性

中国是服饰大国，素有“礼仪衣冠之邦”的美誉。服饰的穿戴具有很强的礼仪性、场合性和目的性，成为分尊卑、别贵贱、辨身份、表信仰的首要标志。自古以来，服饰与各种礼仪活动紧密联系在一起，标示着礼仪的规范，渲染着礼仪的气氛，因而具有鲜明的礼仪特色。不仅汉族讲究服饰的礼仪，少数民族也有此类服饰民俗，如苗族的衣装上遍布精美的刺绣图案，但这些图案并不是随意织绣的，什么地方织绣什么样的图案，各种图案表达的意思，什么身份、什么年龄的人应该配饰什么图案，都是有规矩和要求的。

服饰民俗的礼仪特色集中体现在人生礼仪与岁时节日之中。人从降生被包入襁褓，到成年之礼，再到穿婚装嫁衣，直至丧服祭冕，可以说一生都离不开服饰。在人生一系列的重要时刻都有与之相匹配的礼仪及专用服饰，作为一种标志，寄托一种祝福。人生礼仪中最重要的诞生礼、成年礼、婚礼和丧礼，四次重大礼仪，四次换装，每次换装都有不同的方式与内容，体现了儒家文化的礼仪伦常和崇宗敬祖观念。如彝族少女在 15 岁之前要穿红白两色童裙，梳独辫；15 ~ 17 岁之间，要举行“换裙”仪式，内容包括换裙子、梳双辫、扯耳线，由此标志着少女已经长大成为女人；举行“换裙”仪式后，彝族女子穿上中段是黑色的拖地长裙，戴上绣满彩花的头帕，挂上银光闪闪的耳坠，就可以自由自在地逛街、赶场、谈恋爱了。摩梭人在年满 13 岁时，都要在当年除夕晚上举行换裙或换裤的成人仪式。参加这些特定的民俗仪式，服饰必须符合相应的礼仪规范，否则就被认为是“失礼”和“越礼”，甚至被人嘲笑。

除了人生礼仪的重要时刻，在一些岁时节日中也展示和体现着服饰民俗的礼仪特色。如端午节时，在孩子的手腕或脚腕系上青、白、红、黑、黄色的“五彩线”，这五种颜色分别代表木、金、火、水、土，象征东、西、南、北、中，蕴涵着五方神力，可以驱邪除魔，祛病强身，使人健康长寿。

（二）中国饮食民俗

中国人的饮食结构模式、饮食方式、烹饪方法以及饮食器具中都蕴含着十分丰富的中国民俗文化内涵。经过长期的研究与分析，我们对中国饮食民俗的特点做出了总结，主要体现为四个方面，具体如下。

1. 重食

“重食”是说中国人对饮食相当重视。为了生存重视饮食，这是理所当然的。普通老百姓“开门七件事：柴米油盐酱醋茶”，基本都是与饮食有关。俗语“人是铁饭是钢，一顿不吃饿得慌”是中国人“重食”民俗传统的很好体现。日常生活中，中国人见面打招呼喜欢用“吃了吗”来问候对方，是中国重食传统留在语言中的痕迹。一些节庆活动及重要的人生时刻也会以特定的饮食民俗来集中体现。如：即使在生活比较艰难的时代，中国人过生日也不马虎，小生日至少做到“孩子一个蛋，大人一餐饭”，整生日（整十岁）则要宴请宾客来吃碗寿面（图 1–5–3）。现在，随着中西文化交流的增多，有些地方生日吃蛋吃面的习俗渐渐被生日蛋糕所取代。也正因为对饮食的重视，人死后，还须继续在死者灵位前贡饭或贡米。这既是对食的重视，更是对生命的重视。其他更多民俗事象或民俗活动中，都离不了“食”。除了寿诞宴之外，还有满月酒，有婚庆宴、庆功宴、接风宴、告别宴等等。

图 1–5–3　寿面

2. 重养

“重养”是指重视食物的养生之道。即便是日常的饮食习惯也不仅为了解决饥饿，更注意食物对身体的好处。中国民间有很多养生谚语，是宝贵的中国民俗饮食文化经验，如“要得小儿安，给他三分饥和寒”是提示父母不要让孩子吃得过饱；“上床的萝卜下床的姜，不用医生开药方”、“大蒜上市，药店关门”等生动地说明了萝卜、生姜、大蒜等司空见惯的民间食材所具有的宝贵食疗作用。

3. 重礼

“重礼”是说中国人比较注重饮食礼节。从饮食时的言行举止可以推断出一个人的礼貌和修养。“食不言，寝不语”是中国家长平时要求孩子们吃饭睡觉要遵守的“规矩”。平常吃饭第一碗应盛给长者，生日时第一碗则应盛给“寿星”。中国饮食民俗的“重礼”传统集中表现在筷子使用和茶酒习俗中，如筷子是中国最为典型的吃饭用具，它不仅是中国人日常生活中每天吃饭的用具，在一些重要礼仪场合还具有某种神圣性。宴席上，只有等主人举筷对大家说“请”时，客人才能开始吃菜，离席时应手握筷子对大家说“慢用”，然后将筷子整齐地摆放在碗上。中国民间还有“筷礼八忌”的说法：一忌用筷子东夹西夹，二忌用筷子上翻下翻，三忌用筷子刺食物，四忌用筷子左捞右捞，五忌将筷子衔在口中，六忌用筷子剔牙，七忌用筷子敲碗碟，八忌将筷子竖插在碗中。特别是第八忌，这是中国人祭祀死者时才用的动作，所以，日常生活中绝对禁止此举。

4. 重利

“重利”是指日常饮食中所体现的中国人求福避祸的功利心态。被选做人类的食物当然要对人体有利，人们为了使某些食物让人感到更加称心如意，还会取一个吉祥好听的名字，这样，在享用美食的同时精神上也得到愉悦。如猪头、猪舌、猪耳朵是很多中国百姓喜好的下酒菜，但在中国不少地方猪头被称作“神户”，猪舌头被称作“招财”或“门枪”，猪耳朵被称作“顺风”，这都表现了人们在吃东西的同时还期望得到神的护佑，让家庭生活更加幸福美满，事业前途更加顺利发达。这在节日食俗中表现得更为凸出，也更为普遍。

（三）中国居住民俗

居住民俗是关于民居建筑类型、结构样式以及施工、搬迁礼仪等方面的风俗习惯。中国有个成语“安居乐业”，意思就是“安安定定地生活，快快乐乐地从事自己的工作”。“安居”即有一个固定、安全的住所，这个成语不仅表达了中国人自古以来的美好愿望，也说明了“居”对于人的重要性。对居住的重视是中国传统民居质地优良、建筑美观的重要原因。在中国 960 万平方公里的广阔地域上，不同的生态环境、生产及生活方式和宗教信仰，造就了各民族、各地区不同的居住民俗文化传统，并在各自的民居结构、形式和风格上显示出明显的空间文化差异性。

经过长期的研究与分析，我们对中国居住民俗的特点做出了总结，主要体现为四个方面，具体如下：

1. 实用性

实用性是中国居住民俗的首要特征。民居是一种为人们生活所迫切需要的产物，是出现最早、数量最多、分布最广同时也是最基本的一种建筑类型。住宅建造的直接目的是满足人们日常生活起居的实际需要，哪里有民居，哪里就会形成一整套居住民俗。

居住民俗的实用特征，首先体现为与当地自然环境的协调一致。例如，北方天气寒冷，居室保暖是第一要素。北方各种居住民俗都体现着保暖的宗旨，如向阳单向开窗，或用双层窗户；建暖炕、暖墙、火墙、地炉等；

灶台连着暖炕，做饭的同时烧炕；南方天气炎热、空气潮湿，一般居室的墙壁高、空间大，常常前后门贯通，便于通风；因地形起伏不平，住宅院落较小，四周房屋连成一体，旁匡组合比较灵活；因四季植被颜色丰富多彩，民居建筑外墙一般为白墙青瓦，色彩素雅，清爽宜人。另外，民居建造材料也是依当地自然条件就地取材，产竹的用竹，产木的用木，产石的用石，平原地区多以土坯或砖为建筑材料，藏族有用石块砌成的碉房，怒族则有木板房、竹篾房，南方的各式竹楼，楼上住人，楼下饲养牲畜、堆放杂物和牲口，很是实用。

居住民俗的实用特征还体现为与各地、各民族人民的生产方式和生活习惯相适应。例如，过去蒙古族牧民长期生活在广阔的大草原上，他们居住的蒙古毡包以木杆为骨架，以羊毛毡做顶和围墙。这种“蒙古包”便于拆卸和安装，便于人们根据气候和牧场的变换随时搬迁（图 1–5–4）。

图 1–5–4 蒙古包

2. 人文性

中国人的居所与“家”是一个整体，民居从来不仅是一个简单的物质形态，而且是特别富有感情色彩的地方。中国的居住体现着儒礼、道学、阴阳五行等思想观念，具有强烈的人文精神。

中国人家庭意识强，一个大家庭生活在一起，体现了儒家文化重“和”的特质。一家三四代人居住在四合院里，或二进、三进的套院里，或以家族为中心的土楼里等，这种民居反映了重人伦亲情和家长制以及封闭的观念。在家庭居室的分配上，体现着尊卑有礼、长幼有序、男女有别、内外区分等社会伦理观念和准则。例如，一家民居的几个房屋，在名称上有正房、偏房、前房、后房之分。谁住正房，谁住偏房，谁住前房，谁住后房，都有一定的规则，外来客人的接待和留住也有一定的居室安排，不可随意。另外，还有一定的禁忌，如少女的闺房，不但外人，就是自家兄弟也不能随便出入。这种居室安排上浓烈的伦理色彩在少数民族中也存在，不同辈分的人有着不同的居室位置。

中国古代社会盛行的天命观、家族观、等级观和阴阳五行思想，对民居的选址、择位、朝向、布局以及建筑的正面、大门、山墙、墙尖屋脊、装饰装修等都具有明显的影响，即讲风水。风水讲究人类与自然环境的和谐相处，人们建造房屋居室，同时建构一个观念体系，用以表达对于家庭和睦、人丁兴旺、生活安逸、荣华富贵的遐想与期盼，由此形成了意味丰富的居住民俗。

3. 差异性

南北居住民俗的差异性表现在屋面坡度、用料、外墙用料、高度、室内格局和起居习惯等方面。南方民居屋面坡度较大，用小青瓦盖成，北方民居多为平面或缓坡屋顶，多用三合土，铺瓦的瓦片厚大；南方民居外墙多用砖砌，空斗墙较多，也有用木板的，北方民层则用三合土、土坯和砖砌实墙，比较厚重；南方民居房子层高较高，有两层或三层的，北方的民居层高一般不高，基本是单层的，开间也比南方小。北方汉族室内以锅灶、火炕为主体，朝向一般主房皆坐北朝南。南方水乡，房基多立于水中或水边，墙下可通船，运送粮柴、垃圾极为方便。南方汉族一般灶头在后间后院，北方则进门先见灶头，然后才进入住室。墙面，北方以砖纹为美，南方多涂灰泥；北京尚黑墙，涂黑灰，庄严肃穆；南方有的地区喜用白墙，涂白灰，洁净大方。起居习惯，南方睡床，双人床男女对向睡；北方睡炕，均并头睡，且头一律向炕檐，不能头朝里。北方的炕，还有连体炕，对面炕等。这些都是多年形成的传统居住习惯。这些住房无论样式规格、材料、格局和使用习惯都具有显著的区域特征。

4. 艺术性

民居既是一种实用的文化产物，又是一种带有审美意味的文化产物，具有艺术特征。即使是很简陋的民居，其建造者在形体构成、材料选择及布置安排等方面也会自觉或不自觉地遵循某些审美情趣和美学原则，与其实用特征并存，审美意义丰富，艺术特征显著。

在“天苍苍，野茫茫，风吹草低见牛羊”的内蒙古大草原上，在蓝天、白云、绿草的映衬下，逐草而居的牧民的住宅“蒙古包”，单就外形来看，圆形的围墙和穹形的屋顶，足以给人一种强烈的视觉冲击和美的享受；西北的窑洞建在黄土高坡的阳面，窑洞的前脸用砖头砌成拱形门洞，并做出花饰造型，窑洞上方种一些植物保持水土，用料、手法虽然简单，却蕴含着自然和谐之美；北京的四合院，房屋布局大气，院落安排协调，院中多种松树、桃树、枣树、海棠、槐树等，在阳光的普照下，体现着深邃的整体美。

（四）中国出行民俗

中国历史悠久的农耕文明，使人们形成了安分守己、守家在地的传统观念。古代社会的人们因为服役、游学、经商、巡游等原因而外出远行，交通运输通道和交通工具因地而异，由此构成了独具中国特色的行旅民俗。

经过长期的研究与分析，我们对中国出行民俗的特点做出了总结，主要体现为四个方面，具体如下：

1. 地域性

俗语有“南船北马”之说，意思是中国南方人出行主要用船，北方人出行主要骑马。中国960万平方公里的土地上，马帮（图1–5–5）穿行在云贵川的崇山峻岭之中，驼队（图1–5–6）跋涉在西北的沙漠上，黄河上漂着羊皮筏子，乌苏里江上行驶着桦皮船，竹筏穿行在长江的风浪之中，在崎岖的山路，有时甚至只能靠人力……特定的地域环境造就了不同的交通民俗。

图1–5–5　马帮

图1–5–6　驼队

2. 等级性

古代各种交通设施与交通工具的使用都有严格的等级。在便捷的公共交通没有普及以前，交通方式的选用完全由身份和财富决定，并且充满了社会等级的含义，所以有人坐轿，有人抬轿；有人坐车，有人赶车；有人乘船，有人驾船。官员出行住官驿，不同等级的官员住宿的待遇不同。百姓出行只能住普通的旅店或跟人家借宿。现在此类民俗虽已消失，但出行民俗中的等级的痕迹还可以在不同星级或不同性质的宾馆中看到。

3. 行业性

我们或多或少地了解到，随着经济的发展，我国传统交通运输行业的分工越来越细，如陆路、水路、车船或人力等。陆路的各种车把式、脚夫、马帮、驼队、轿夫，水上的船家、筏客，各种重要交通站口、码头的店家等，在业务方面都有各自的活动领域和技艺传承，并形成了各自的操作规范、旅途规矩、行话、信仰、禁忌等一系列行业习俗。

4. 神秘性

中国人具有强烈的守家意识，出门远行就意味着要经历跋山涉水的艰难险阻以及不可预知的困难和问题，外出行旅无论对本人还是对亲戚朋友来说都是一件重大的事情。为了减少对于外出远行的内心恐惧，人们就将平安的希望寄托于路途中神灵的庇护上，陆路有山神信仰、树神信仰、石神信仰，水路则有妈祖信仰、龙王信仰等。人们外出离家时要举行相应的民俗礼仪，远行途中必须对这些神灵予以真诚的敬仰和祭拜，不得对他们有任何的无礼，这样也就形成了许多有关行旅的信仰和禁忌习俗。

二、传统岁时节日民俗

岁时节日，也被称为“传统节日”。岁时节日的历史很悠久，而且广为流传，其特点为：普及性、群众性。

实际上，很多因素都在一定程度上影响着节日的形成与发展。有些节俗产生的渊源可能是单一性的，然而，后世的发展及现实存在形态却又是综合性的。由此得知，很难根据某一单一的性质做出归类。

经过长期的研究与分析，我们对一些岁时节日的民俗做出了总结，具体如下：

（一）春节

春节原来被叫作“年节”，是中华民族最隆重的传统佳节。自汉武帝太初元年开始，以夏历正月初一为“岁首”，这样一来，年节的日期就定下来了，并一直延续到今天。1911 年辛亥革命以后开始采用公历纪年，遂称农历正月初一日为“春节”。

年节是辞旧迎新的日子。年节虽定在农历正月初一，但年节的活动却并不止正月初一这一天。从腊月二十三“小年”开始，人们就开始“忙年”了。腊月二十三或二十四，民间有“祭灶”的习俗。灶神是每户人家最重要的神，他监视着人间发生的任何事情。每年他都要上天向玉帝汇报这户人家的情况。祭灶的食品中有一种叫“糖瓜”的东西，据说是为了把灶神的嘴粘住，不让他在玉帝面前乱说话。

过年期间，民间有在门口挂桃符、贴门神、贴春联，挂年画，放鞭炮烟花等习俗。相传有座山上有棵桃树，桃下有一个鬼门，守门的是两个神，一个叫神荼，一个叫郁垒，如果鬼存人间做坏事的话，那么两个神就把鬼抓起来给老虎吃。所以，人们为了防止小鬼去家里作乱，就用两块桃木，把两个神的名字写在上面，挂在门口，这就是桃符，后来衍化为门神年画（图 1–5–7）。年画是一种代表吉祥的装饰物，它的内容很广泛，表现人们的日常生活和美好愿望，之后又被红色的春联取代（图 1–5–8）。

图 1–5–7　门神

图 1–5–8　春联

一年的最后一天被称为“除夕”，全家欢聚一堂，吃罢“团圆饭”，长辈给孩子分发“压岁钱”，一家人围坐“守岁”，也就是除夕晚上不睡觉，家人一边吃饭、聊天，一边恭候新年的到来。到了夜里 12 点时，鞭炮齐鸣，辞旧岁、迎新年的活动达到高潮。

正月初一，人们都会早早起床，穿上最漂亮的衣服，打扮得整整齐齐，出门走亲访友，相互拜年，道贺祝福，说如“恭喜发财”“过年好”等之类的吉祥话。拜年时，长辈要给晚辈压岁钱。

（二）元宵节

春节刚过，节日气氛依然很浓，民间在农历正月十五又迎来了另外一个盛大节日——元宵节。正月是农历的元月，古人称夜为“宵”，元宵节因此而得名。按照民间传统，在元宵节晚上，人们要出门赏月、燃灯放焰、喜猜灯谜、共吃元宵，以示庆贺。

元宵节的两个最主要的活动就是看花灯和吃元宵。正月十五闹花灯的习俗是从汉代开始的。隋唐时期，闹花灯的习俗达到了最鼎盛的阶段。元宵节那天，人们带着假面具，表演杂技，大家在一起狂欢，俗称“耍百戏”。隋炀帝的时候，由政府出钱，在元宵晚上举行盛大的“百戏”表演，演员有一万八千人，场面十分盛大。到了唐代，为了节约，废除了这个习俗，但是百姓在元宵节闹花灯的习俗仍然保留至今。元宵花灯的历史非常悠久，而且花灯的制作和形式也不断变化发展，现在的元宵灯会规模越来越大，彩灯越来越精美，如上海豫园灯会（图 1–5–9）上的彩灯不仅造型别致而且富有故事情节，而中国东北地区利用自然条件制作的冰灯（图 1–5–10）也是异彩纷呈。

图 1–5–9　豫园灯会

图 1–5–10　冰灯

猜灯谜，是元宵节后增的一项活动。在一般情况下是把谜语写在纸条上，贴在彩灯上供人猜，猜对者扯下纸条领取赠品。因为谜语能启迪智慧又饶有趣味、雅俗共赏，是游艺活动与赏灯结合的一种形式，所以在流传过程中深受社会各阶层的欢迎。

（三）清明节

清明节大约始于周代，已有两千多年的历史。清明是我国的二十四节气之一，而清明节作为节日则有丰富的民俗活动和特殊的纪念意义。

扫墓习俗，在中国西周时期就已经产生，当时是为了纪念国王的祖先。战国时期，扫墓变成普通百姓的习俗。唐代的时候，扫墓已成为国家的礼俗，时间固定在寒食时期。寒食节与清明节时间先后仅差一天，唐代清明节不同于寒食节，清明这一天，大家都外出郊游。大概是从明代开始，清明节和寒食节合二为一，形成了现在的清明节。

扫墓的一个重要任务是整修祖先的坟墓。古代的坟墓是用泥土堆成，一年下来，天气和动物都能对坟墓造成破坏，而且坟上长满杂草。因此，扫墓的时候，整修坟墓，清除杂草，在坟墓上插一根木棍，上面挂上纸条，以表达对死者的思念。

除了扫墓之外，清明节民间还有戴柳、踏青、游春等习俗。在清明节那天，人们在扫墓之余，亦在郊外聚会冷餐，尽兴游乐：荡秋千、蹴鞠、拔河、放风筝、斗鸡，有些地区还举办大型庙会、娱乐表演活动……热烈奔放的游乐气氛与大自然的无限生机相融互感，作为一种深层的生命意识，积淀在清明节的风俗之中，代代流传。直到今天，清明节依然是我国民间十分重要的节日。

（四）端午节

端午节的日期是农历五月初五，也称端阳、重五节等。这一节日始于中国的春秋战国时期，至今已有两千多年的历史。

仲夏时节，酷暑即至，这个时候，容易滋生各种毒虫与细菌，很显然，这会导致一些疾病。因此，民间形成了很多习俗，包括：端午日煎兰汤沐浴、采制草药；采菖蒲、艾叶插于门旁以禳毒气；制作、饮用、涂抹雄黄酒以驱毒杀虫（图 1–5–11）等等。

赛龙舟是端午节的主要习俗，盛行于吴、越、楚等地。在楚地，相传古楚国人因不舍屈原投江死去，众人划船竞相追赶救援，追至洞庭湖时还是没有发现屈原的身影，之后每年五月初五划龙舟，借此驱散江中之鱼，很显然，这样做的主要目的是避免江中的鱼吃掉屈原的身体。江浙地区划龙舟，兼有纪念当地出生的近代女民主革命家秋瑾的意义。直到今天，在南方的不少临江河湖海的地区，每年端午节都要举行富有特色的龙舟竞赛活动（图 1–5–12）。

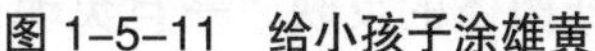

图 1-5-11　给小孩子涂雄黄

图 1-5-12　赛龙舟

粽子是夏至的食品，人们用菰叶把糯米包起来，因为有角，所以古代也叫“角黍”。传说粽子的产生是为了纪念屈原，因为屈原跳江以后，当地的老百姓为了让水里的鱼虾和龙不吃屈原的尸体，把米装在竹筒里，投到江中。到了唐代，端午吃粽子已经成为一种风气。一直到今天，每到端午节那天，中国百姓都会忙着包粽子。因此，吃粽子的风俗这么多年盛行不衰。

（五）中秋节

中秋节起源于中国古人对日月的崇拜。中秋节真正成为节日是在宋代。明清时期，中秋节逐渐成为和春节一样重要的传统节日。

月饼无疑是中秋节最主要的食品。月饼最初是用来祭奉月神的祭品，后来成为中秋佳节的桌上佳品，深受民间喜爱。随着时代的发展，月饼的制作越来越精细，馅料考究，外形美观，在月饼的外面还印有各种精美的图案，以此祈福。民间用月圆、饼圆喻示家人团圆。用月饼寄托对亲人和故乡的思念之情。

家族团聚是中国人最重视的一件事情，中秋节就是家人团聚的最好时间。在中国古代，中国人生活在大家庭里，因此，中国人有着浓厚的家族观念，重视亲情。团圆，对每个中国人来说，具有十分重要的意义。在中秋节那天，与家人一起谈天、赏月，岂不快哉?

三、民间的信仰与禁忌

（一）民间信仰

民间信仰，指的是在长期的历史发展过程中民众自发产生的一套神灵崇拜观念、行为习惯和相应的仪式等民俗事象。民间信仰的内容极其丰富，种类也异常繁多。经过长期的分析与研究，我们将民间信仰的对象做出了总结，主要归纳为五种，具体如下：

1. 灵魂

提到“灵魂”这两个字，我们都会感到很玄妙。实际上，人类最初的信仰是从自身开始的，如对梦境和死亡的不解，导致人们相信人是由肉体和灵魂组成的，肉体是具体的、摸得着的，灵魂是虚幻的、摸不着的。灵魂附在肉体上，做梦、生病则是灵魂暂时离开肉体的反映，一旦灵魂离开肉体不再回来，那么这就意味着这个人已经死亡了。但是，肉体虽然腐烂，灵魂却能变成鬼魂。当然，其他事物同样也有灵魂，这也是马神、车神、门神等信仰产生的主要原因。

2. 祖先神

祖先神是人类将已故祖先神化而形成的神。由于灵魂不死观念的盛行，致使祖先神意识长期存在。祖先神也有多种，有远古祖先神、氏族祖先神、民族祖先神和家族祖先神等。如汉族的女娲为女始祖，伏羲为男始祖；苗族的女始祖为“央母”，侗族的女始祖为“沙麻”等。

3. 自然神

自然神是把自然现象视为神灵并加以崇拜。但并不是所有的自然现象都是神灵，只有那些与人类有密切关系的自然现象才会被崇拜。经过长期的分析与研究，我们将自然神做出了总结，主要归纳为四大类，具体如下：

（1）天体，包括天神、日神、月神、星神等。

（2）自然现象，包括风神、雨神、雷神、电神、火神等。

（3）无生物，包括山神、土地神、水神、石神等，其中的土地神又称灶神。

（4）生物，其中有两种，一种是动物神，如蛇神、虎神等，一种是植物神，如树神、草神、谷神等。

4. 生育神

生育神是主宰生育诸神的总称，大都起源于史前时代的女神。我国红山文化出土了两种女神像，一种高大、庄重，可能是女祖先；另一种娇小、残缺，可能与生育巫术有关。我国民间的生育女神很多，如女娲、西王母、碧霞元君、妈祖（图 1–5–13）、送子娘娘（图 1–5–14）、催生娘娘等。

对她们要定期祭祀，其间有抱娃娃、掏子孙窑、生菜会、抢童子等活动。

图 1-5-13　妈祖

图 1-5-14　送子娘娘

5. 行业神

行业神指的是各行各业信奉的行业祖神和保护神。其实，最初的行业神就是生产神，如猎神、渔神、蚕神等。随着社会的不断发展，手工业出现了，因此，产生了工匠神鲁班、酒神杜康、纺织神黄道婆等。由此，我们不难看出，三百六十行，行行都有保护神。这些神，有些是该行业的开山鼻祖，如农神、蚕神；有些是某行业的革新能手，如酒神杜康、纺织神黄道婆；有些神对某些行业的发展曾发挥出保护的重要作用，所以才为该行业所供奉。

（二）民间禁忌

禁忌，原为南太平洋波利尼西亚汤加岛人的土语，它包含了以下两种意思：

第一种意思：“崇高的”“神圣的”“不可侵犯的”。

第二种意思：“神秘的”“危险的”“被禁止的”“不可接触的”。

汉语意译为禁忌。禁忌是现实生活中的一种存在，它在我们传统社会中有着广泛的影响和作用，是一种常常对生活进行规范的习俗内容。我们将民间的禁忌大致分为以下五大类：

1. 丧葬禁忌

婚丧喜庆是人生的大事，不能马虎，否则会出纰漏，因此形成了许多内容繁杂、形式多样的禁忌。

在很早的时候就形成同姓不婚的禁忌，认为有碍后代的兴旺。结婚者的年龄方面也有禁忌。如有说“女大一，不是妻”；有些地方则说“女大一，黄金飞；女大两，黄金长”。大一岁不好，大两岁则很不错了。武义有俗语也说“女大三，抱金砖”。不过男女之间相差六岁是很不好的，民间叫“六冲”。属相方面也有各种讲究，如俗语就有说“鸡狗相配断头婚”“羊鼠不到头”等。台州等地忌结婚时新娘碰上孕妇，认为这会使新娘不育。现代婚礼中忌送钟，因“送钟”谐音“送终”等。

中国民间历来对丧事非常重视。一般办丧事时，不能随便说笑、不能游戏、唱歌。死者的装殓也有各种禁忌，比如口里不能空着。古代有含玉习俗，后来发展为含饭团的习俗。有的地方忌讳给死者穿黑色的衣服，认为如果给死者穿上黑色的衣服，那么死者就会变成驴；有的地方忌讳给死者穿皮衣，认为如果给死者穿上皮衣，那么死者就会变成野兽。死者进棺，脚忌悬空，定要踏着棺材板，头却忌顶着棺板，要隔以衣物。

2. 民间信仰禁忌

民间信仰的禁忌内容非常广泛，主要表达的是人们虔诚的宗教和祭祀以及俗信观念。比如在祭祀崇拜方面，男女就有区别，俗语说的“男不拜月，女不祭灶”，就是这个意思。祭祀时忌不洁，所以，参加者要沐浴斋戒，禁忌房事。

民间俗信的禁忌就更多了，比如嘉兴出门时忌乌鸦叫；雨后的彩虹不可用手指去指，否则手指会变成“蛇形指”；农民买了羊不能牵进家中，羊是白的，主素，牵入家中会使家里死人。金华一带看见蛇不能用手指去指，否则手指会烂掉；人们忌用手指指月亮，否则耳朵要被割等。

另外，民间还有一些非常特殊的对鬼神等的禁忌，如鬼忌米、茶叶，因此，在喊惊魂或招魂时要用茶叶、米；鬼也忌豆，因此，在结婚时有撒谷豆等仪式；鬼忌尿，走夜路时碰上鬼打墙时，撒一泡尿就会使人清醒；鬼忌符咒，鬼也忌铁等，非常具有中国民间信仰的特色。

3. 节日禁忌

这是一种表现在岁时节日中的禁忌。主要原因是人们认为节日是一种特殊的日子，所以，许多行为方式必须予以禁忌。比如，正月初一禁忌说不吉利的话，金华一带则忌妇女烧第一餐饭，否则男人将当不了家，因此，大年初一总是由当家的男子去烧饭。许多地方正月初一忌动刀杖和斧剪，否则会有凶事发生。也忌洒扫，更不能泼掉用过的水，认为财气会跑掉，等等。

4. 语言文字禁忌

语言文字禁忌是人们对语言文字这种人类的特殊交流工具的文化意义的肯定，这种禁忌表现在日常生活的许多方面。如旧时人们忌直称尊长，成人礼后忌称名而须改称字，对父母尊长之名字须避讳。渔民忌说翻，赌徒忌说输，碰上读书人也是一种晦气。四川人说舌头的“舌”与折本的“折”音相同，所以，猪舌不说猪舌而说“猪招财”，牛舌则说“牛招财”。余杭人忌说死，把死人说成元宝。

数字禁忌也是语言禁忌中的一个重要内容。从总体上来讲，中国人对单数是比较忌讳的，所谓“好事成双”，因此，这也就是中国人给人送礼或礼金都忌单数的主要原因。当然，中国人也不是在任何场合下都喜欢双数的，比如举办丧礼时，因为人们不希望坏事成双。再举个例子来讲，我们都知道，“3”的谐音是“散”，祝寿和结婚有的地方忌这个日子，贺喜、送礼也忌这个数；商人特别忌讳这个数，因为怕“散”财。另外，“4”的谐音是“死”，非常不吉利，因此，人们的门牌号、汽车牌号都不喜欢用这个数字。有的地方也忌讳“7”这个数字，有的地方有“七不出，八不归”之说，意思是逢七的日子不要出门，逢八的日子不要返回；“8”本是个吉利数字，很多时候、很多事情人们喜欢用，但在这一点上却成为禁忌，是因为有“分离”的意思。

5. 行为规范禁忌

这是一种生活和社会交往中的禁忌方式，许多禁忌在生活中具有经验性作用。如古人强调“男女授受不亲”，因此禁止男女之间的交往。这种禁忌目的是对男女可能存在的乱伦的一种驱避，在从“不知其父，只知其母”的社会向一夫一妻制专偶婚过渡的时期。这种禁忌保证了男女之关系的稳定性和父母子女之间的血缘上的纯洁性，是具有进步意义的。当然后来成了束缚男女之间正常交往的一种紧箍咒，则是消极的。客人来了忌扫地，敬客时倒酒要满，沏茶要浅，叫浅茶满酒。朋友之间忌送伞，“伞”与“散”谐音。朋友、夫妻之间忌分梨吃，“梨”与“离”谐音。参加帮会，最忌退出。传统宗族中，最忌乱伦。

另外，在许多行业当中也都有自己的禁忌习俗。举个简单的例子来讲，我们都知道，商人最忌讳的是输和亏，因此，凡能通过联想联系上的东西都忌讳，有的商店老板忌讳店员在店铺中读书，很显然，这主要是因为书与“输”同音。再举个例子，木工忌讳别人摸他的斧、墨斗和曲尺，除此之外，在锯树的时候忌讳树墩上留有竖立的木片，认为那是灵牌树，非常晦气。

四、传统的娱乐民俗文化

中国民间娱乐形式千姿百态，富有浓烈的乡土色彩。各地民众充分利用乡土物产，发明创造的娱乐活动争奇斗艳、令人拍案叫绝。娱乐民俗的起源比较复杂，包括了原始宗教和民间信仰、生产劳动战争兵事等多种因素，并且经过长期的发展，其自身也在不断丰富完善。民间娱乐活动在一定程度上丰富了民间的生活，有益于人们的身心健康。娱乐仅仅是它的表面特征，它的深层目的是通过竞技和游戏，达到人与人、人与自然以及人与神之间和谐相处的目的，并使生产、生活更加有序和有趣。

经过长期的研究与分析，我们对传统的娱乐民俗文化进行了分类，大致分为以下三类：

（一）节日娱乐民俗

节日娱乐民俗是与节日相伴而生并具有固定的时间或季节的一种游艺民俗形式。如元宵节在魏晋南北朝时主要是一个祭祀的节日，第一是祭祀门户，第二是祭祀蚕神，节日中有伤风化或不雅的内容被删除，而另外一些内容则被传承下来并得到发展。如借礼佛以燃灯的内容不仅被保留，后来还发展形成了以点灯等娱乐为主的元宵灯节活动，并在唐代时达到了令人痴迷的程度。人们制造了许多不同一般的灯饰，因而形成了所谓的“灯市”，时间也从原来的一夜增加到三夜，后来在北宋乾德五年增加到五夜，到明代永乐七年增加到十夜。时至今日，这种元宵灯节在各个地方仍然以不同的形式存在着。

我们都清楚，节日娱乐习俗的内容非常广泛，而且随着现代物质文化的发展繁荣，显得更加充实，具有多样性。比如，二月二龙抬头，人们要舞龙灯，三月三上巳节，人们要踏青野炊，重阳要登高等，都是整个节日民俗文化的一个有机组成部分。

（二）日常娱乐民俗

日常娱乐是在日常生活中盛行的一些民俗娱乐样式。日常娱乐在我们的生活中长期传承，成了我们民族的一种文化象征。如围棋，象棋，投壶，蹴鞠，樗蒲，麻将，斗鸡等。

日常娱乐民俗因其在日常生活中盛行，所以它常常成为斗智斗勇，培养或开发人们智力的一种形式。不过，日常生活的娱乐形式，也常被人们所利用，成为人们竞技赌胜负的工具，像围棋、象棋、麻将等都是如此。日常生活中还有一些传统的智能型娱乐游戏，它对于开发青少年的智力，增加他们的知识方面，非常有益。这类游戏比如像绕口令、数歌谣、猜谜语等。还有一类是增加青少年的体能的，如捉迷藏、跳房子、老鹰抓小鸡、滚铁环、抓石子等，都具有代表性。

（三）杂要娱乐民俗

民间杂要娱乐民俗古代称为“百戏”，民间则称它为“把戏”，秦汉时即已产生并一直在城乡流传。民间杂要娱乐民俗是一种集技巧性、灵敏性、表演性于一体的游戏活动，这种娱乐民俗形式完全以技巧取胜，内容非常丰富、庞杂，主要包括杂技、戏法、皮影、猴戏类动物表演等。

戏法也称魔术，是从古罗马传入的一种技艺，它用各种隐蔽或巧妙的手法，制造或变幻出奇妙的效果，让人觉得简直不可思议。因此，戏法的效果同样重在观赏性而并不要求人们的参与，人们从魔术师的高超技艺中获得一种艺术的享受和身心的愉悦。

动物表演则是一种由各种经过特殊训练的动物在公开场合为观众作一些特定的表演娱乐形式，人们也称动物表演为禽兽之戏，至今我们在城乡还可以看到的有马戏、虎戏、猴戏、象戏、禽戏等。艺人们通过指挥那些特殊训练的动物做出各种或模仿人的行为方式，或滑稽可笑的动作，或高难度的技艺，来博得观众尤其是青少年儿童观众的喜爱。

五、传统的礼仪民俗

传统的礼仪民俗分为两大类——人生礼仪民俗与社交民俗，我们在此主要围绕人生礼仪民俗进行阐述。

经过长期的研究与分析，我们对人生礼仪民俗进行了分类，大致分为以下三类：

（一）诞生礼

在中国人的生命观中，传宗接代是最重要的，人们讲究的是“不孝有三，无后为大”，强调多子多孙多福。这种观念给中国人在诞生礼俗方面创造许多与众不同的习俗提供了最好的借口。诞生礼伴随于整个生命孕育和生产的最初阶段，因此，诞生礼的构成也由一系列的过程组成，包括很多方面的内容，主要体现为：生命孕育的祈求仪式，孕育期的习俗和禁忌以及诞生后的庆贺等。

（二）成年礼

成年礼是为承认年轻人具有进入社会的能力和资格而举行的礼仪。可以说，成年礼对于一个人来说，具有至关重要的意义。我们或多或少地了解到，历史上，汉族有男子二十岁行冠礼，女子十五岁行笄礼的规定。在现代社会中，学校教育在很大程度上代替了传统的成年礼仪过程。学校主要通过正规教育使青少年定型化，在形式上有脱离父母的入学仪式、平时的学习过程和考试以及毕业后进入社会等。

（三）婚嫁礼

婚姻合两姓之好，被认为是人伦之始，上可以事宗庙，下可以继后世。因此，自古就产生了一套详细繁杂的礼仪程式。古代士大夫在婚嫁中通行“六礼”，即纳采、问名、纳吉、纳徽、请期、亲迎。平民百姓的婚礼程式相对简略，古代民间婚俗就不是完全依照六礼。以前，民间既有严格遵循六礼的婚嫁，又有仅存一二程序的婚嫁，还有所谓新式文明婚礼。在一般情况下，包括议婚、订婚、迎娶等程序。现代婚嫁，新旧参半，然而复古之风渐盛。议婚、订婚的礼仪略简，迎娶、送礼的规模排场，增添了新的内容，与过去相比有过之而无不及。

（四）丧葬礼

丧葬礼仪民俗是指安葬、哀悼和纪念死者的礼仪活动。丧葬是对死者的一种文化处理方式和方法。丧葬礼仪一般分为三个阶段：葬前的礼俗、葬礼和葬后服丧的礼俗。随着历史的发展、人类对于死亡文化的重视，丧葬变得越来越复杂。一方面，仪式越来越多，丧礼、葬礼以及死后七七、周年等都有不同的仪式和文化规定；另一方面，埋葬的方法在不同地区、不同民族形成了多种多样形态各异的方式，比如土葬、水葬、火葬、天葬等。但是，随着社会的不断发展，传统的那些繁琐的习俗也会被新的习俗取代，现代的、简单的葬礼将会是人们最终的选择。

六、永不过时的民艺文化

中国地大物博，处处盛开着五彩缤纷的民艺文化花朵。经过长期的研究与分析，我们对民艺文化进行了分类，大致分为以下三类：

（一）民间说唱艺术

民间说唱艺术也叫民间曲艺，是由古代民间的口头文学和歌唱艺术经过长期发展演变形成的一种艺术。中国各地区、各民族的说唱艺术品种繁多，常见的有三百多个。民间说唱艺术是土生土长的口头传承文学。它的流传一般没有文本而依靠严格的师徒间口耳相传的师承，依循中国民众的思维定式及模式化艺术欣赏特性，贴近现实生活和创作因时而变地发展。中国各地流行的曲艺形式具有各自不同的艺术表现手法、音乐曲调和表演方式，所以中国的曲艺品种繁多，绚丽多姿。民间说唱艺术主要分为评话类、相声类、快板类、鼓曲类四大类。

（二）民间小戏

民间小戏是由劳动民众集体创作并演出的一种有歌有舞、有唱有白、有故事情节和舞台表演的小型综合性艺术，深受中国老百姓的喜爱。民间小戏分一共为五大系统，分别为：花灯戏、花鼓戏、采茶戏、秧歌戏以及道具戏。

民间小戏常常在一个省内就拥有很多剧种，有的小戏即使跨省流传，往往也是以交界地带为主要活动区，由此，我们不难看出，这些小戏的流传范围较小。而东北三省广泛传唱的小戏“二人转”，是中国流传范围较大的跨省剧种之一。实际上，少数民族聚居区也有自己的小戏流传，如广西的僮戏、苗戏，西藏的藏剧，贵州的布依戏、侗戏等。

（三）民间手工艺术

民间手工艺术共分为五类，即年画、民间剪纸、民间泥塑、民间面塑、民间刺绣。

1. 年画

年画是中国画的一种，源于古代的“门神画”，在过年时张贴。过年也叫过春节，是中华民族最隆重的传统节日。中国民间年画有三大产地：天津杨柳青、山东潍坊和江苏桃花坞。在传统习俗中，新年快到来的时候，家家户户都会把房子打扫得干干净净的，在大门、窗户上贴上年画。张贴年画既烘托了喜洋洋的新年气氛，又表达了主人祈求平安幸福的心愿。年画一年更换一次，张贴一次可欣赏一年（图 1-5-15）。

图 1-5-15　年画

2. 民间剪纸

剪纸是一种历史悠久、在中国农村流传很广的民间艺术。过年过节、结婚办喜事时，人们都贴剪纸，表达了中国人的美好愿望。剪纸多表示吉祥欢庆之意。如“双喜字”是中国婚礼必备的符号，“喜鹊登枝”表示喜事降临，“五谷丰登”寓意农业丰收（图 1-5-16）。

（a）　　（b）

图 1-5-16　民间剪纸

3. 民间泥塑

泥塑就是用泥制成的雕塑。泥塑的著名产地有无锡惠山、天津、陕西凤翔、河北白沟、山东高密等。泥塑的尺寸一般不大，可以作为室内的装饰和摆设。因此很多中国人把它们用做家居饰品，也常常把它们作为礼物赠送给亲朋好友（图 1–5–17）。

（a）

（b）

图 1–5–17 民间泥塑

4. 民间面塑

面塑就是“捏面人儿”。捏面人的主要原料是糯米面，糯米面经过加工，制成各种颜色的面团。利用简单的工具，艺人就能把面团捏成各式各样的人物或动物。

北京的“面人汤”（图 1–5–18）和天津的“面人赵”（图 1–5–19），代表了两种不同的风格的面塑艺术，“面人汤”的面塑古朴生动，而“面人赵”的面塑比较细致，色彩鲜艳。

图 1–5–18“面人汤”作品

图 1–5–19“面人赵”作品

5. 民间刺绣

刺绣是用各种颜色的线，一针一针绣在丝绸上的工艺品。在中国几千年的农业社会里，男子耕田、女子织布，是最基本的社会分工。那时候的女子都会绣花。皇帝的龙袍，官员的服装，普通的百姓家里的被面、枕套、鞋面之类，都要绣上各种图案（图 1-5-20）。

（a）　（b）

图 1-5-20 民间刺绣

第二章　传统民俗与旅游文化

故君居者，章好以示民俗，慎恶以御民之谣，则民不惑矣。

——《礼记·缁衣》

第一节　民俗文化与旅游的关系

旅游是人们离开自己的居所到异地他乡短期停留，进行观光、休闲、娱乐、购物以及文化体验等活动的一种经济社会现象。异地的风光，特别是异地的民俗风情，能够给旅游者一种完全不同的文化享受。

虽然旅游者是离开自己的居住地到其他的地区旅游，但是通过上文中我们对民俗文化的了解也能知道，每个地区都有每个地区特定的文化与民俗传统，因此，即便是离开了自己的居住地，当我们到达另一地区游玩，其实是将自身投入到了另一种民俗文化中。

一、民俗文化对旅游的作用

（一）民俗文化资源的开发提高了旅游目的地的经济效益

旅游的经济属性和文化属性是密切相关的，文化资源的合理旅游开发能为旅游目的地带来可观的经济效益。比如深圳华侨城的成功开发，尤其是锦绣中华、中国民俗文化村等项目的相继开业，成为民俗旅游文化开发的典范。另外，还有一些民俗文化景点如河南开封清明上河园、山西皇城相府等旅游资源的开发，都是非常成功的范例。

（二）民俗文化丰富了旅游活动的内容

稍加研究我们就不难发现，几乎所有的旅游行为都离不开旅游目的地的民俗风情。经过 30 多年的发展，中国旅游业正处于一个重要的转型升级的发展阶段，这是因为旅游者不再满足于传统的观光旅游，而是更加注重参与，以亲身体验异质文化带来的不同感受，进而开阔视野，丰富阅历，获得乐趣。

民俗旅游与我们平时所说的旅游还有些不同，民俗旅游注重的是民俗，这比普通的旅游内容更加丰富，也正是因为民俗活动内容丰富的旅游线路和乡村旅游项目正日渐受到众多旅游者的欢迎。

（三）民俗文化是重要的旅游资源

我们都知道，中国是一个由五十六个民族组成的国家，这是世界上任何其他国家所不具备的特殊国情，正是由于民族的众多才使得中国各个地区、不同的民族间的风俗不同现象的出现。民俗文化的差异性对中外游客有着强大的吸引力，民俗文化就构成了吸引游客的重要旅游资源。如南方各地端午节的赛龙舟、内蒙古的那达慕大会、云南傣族的泼水节等民俗文化资源的开发吸引着大量的游客。中国有 56 个民族，民俗文化资源极其丰富，极具旅游价值，是一座开发潜力巨大的民俗旅游宝藏。

二、旅游对民俗文化的作用

（一）正面作用

1. 旅游有利于民俗文化的保护和发展。

随着时代的发展，经济水平的不断提高，人们的生活水平也相应得到了改善，基于这种状况人们对于旅游的要求也逐渐提高，他们不再局限于现有的旅游资源，而更加乐于驻足一些更为新奇的旅游文化，因此现代旅游行业为了满足大众的需求开始挖掘新的旅游资源，但是，需要注意的是，我们在开发挖掘新的旅游资源的过程中一定要注意对原有旅游资源的保护，不能在破坏原有旅游资源的基础上建设新的旅游资源，这样做的结果其实和没有增加新的旅游资源得到的效果是一样的。

开发新的旅游资源包括发掘、整理、保护和传承那些具有民族特色的民俗文化资源，使这些传统文化的瑰宝得以延续。民俗文化是在民族的不断发展中逐渐形成的，并不是在短时间内就可以形成某种民俗文化，因此，从这一方面来说我们可以认为民俗文化具有一定的稳定性。但是我们从另一方面来说，民族间都是在不断地变化发展着的，并不是一成不变的，因此，民俗文化的形成同时还具有一定的可变性，但是这种可变性是建立在本民族的发展状况之上的。

相对来说，对特定某一地区旅游资源的开发有诸多好处。首先，我们所要开发的这个地区肯定是很少有人知道，只限于当地人，但是此地区又是中国某个时代具有特殊意义的地址，对后人有着深刻影响的地方；其次，对某个地区旅游资源地开发可以拉动这个地区经济的发展，有的人可能不理解，开发需要大量的投入资金，怎么会拉动经济的发展呢？当然，最初的开发是需要我们投入大量的资金进行一番建设，并且这场建设可能还会维持很长的一段时间，很有可能是三五年，甚至是更长的时间，但是，只要我们将这个地区的资源建设规划好，当正式投入旅游的时候，这个地区就会吸引来大量的游客，这时我们就可以看到资金的回收，并且这种资金的回收一定是长久的。

2. 旅游有利于民俗文化的传播与交流。

旅游者出行通常情况下不外乎两种目的，首先旅游者出门旅游来到另一个地方就是为了感受这个地区的风景，陶冶自己的情操，使身心得到放松，这种目的的旅游我们可以归结为观光或者休闲度假；第二种旅游的目的就是为了能够获取新知。不同地区的文化有着一定的差异，而民俗有着强烈的知识性和特殊的艺术价值，从而成为吸引旅游者的重要因素。民俗文化的旅游开发，促进民俗文化的传播与交流。

旅游目的地特有的民俗文化在旅游者来旅游的过程中全盘展示出来，这使得旅游者在旅游的过程中不仅使自己的身心得到了放松与舒展，同时还欣赏到了独特的民俗文化，增加了自身阅历。从另一方面来说，特定地区所特有的民俗文化，在旅游者旅行的过程中，可以适当组织游客进行互动参与，这样可以使游客切身感受到当地的民俗文化，加强交流，利于当地文化的传播。

3. 旅游对民俗文化资料的采集和保存有着积极的作用。

“读万卷书，行万里路”，是我国古代文人雅士的优良传统。他们借助到全国各地的游历，风餐露宿，采风问俗，了解各地山川地貌、风土人情和神话传说，从中收集大量的民俗文化资料，历史上许多传世名著都有这样一个民俗文化一手资料的积累过程。如先秦时期的《山海经》、西汉司马迁的《史记》、北魏郦道元的《水经注》、东晋法显的《佛国记》、明代徐弘祖的《徐霞客游记》等都保存有大量不同朝代的民俗资料，为今天民俗史、民俗学的研究奠定了基础。

（二）负面作用

任何事物都有相反相成的两个方面，旅游业作为现代社会的新兴产业和社会现象，其对民俗文化的发展既有积极作用，也有消极作用。旅游对民俗文化的消极作用主要表现在以下三个方面。

1. 腐朽生活方式的传播，造成传统道德观念的堕落。

旅游者的涌入，既带来了其本民族民俗文化中优秀进步的内容，也会带来腐朽落后的东西。随着我国改革开放的不断深化，尤其是旅游活动国际化程度的不断加深，西方文化和生活方式对我国社会的影响已深入到方方面面，西方社会某些腐朽的生活方式和思想意识常常与旅游者相伴而至，在旅游目的地广泛传播。这对当地民俗文化会产生严重的影响，造成腐朽思想的泛滥和优良传统的丧失。为此，旅游目的地应积极采取防范措施，努力减少这些不良影响，使民俗文化传统得到保护，使民俗旅游资源得以可持续发展和利用。

2. 对民族传统文化的冲击。

旅游者中绝大多数是在现代文化的环境中接受教育和成长起来的，即使在民族地区，他们的思想和行为方式都不可避免地带有鲜明的现代性。他们的道德观念、生活方式，会对旅游目的地的民俗文化传统产生强烈的冲击。由于旅游者的涌入，旅游目的地的民族民俗传统文化会因商品化而受到歪曲甚至失去价值。如一些民族歌舞，由于旅游者的需要而被搬上舞台，不再是为了最淳朴的目的而表演，而是为了表演而表演，从而使其失去了灵魂。它们或被压缩，或被删节甚至完全改编，使其在很大程度上丧失了传统的意义和价值。

除了上述我们所说的之外，受商品化影响，有些传统工艺品的制作日趋泛滥，已不再是传统的风格和制作技艺。当然，民族民俗传统文化受到的冲击也可能是潜移默化的，但是传统民俗文化价值的丧失，不仅会失去淳朴的民风，还可能影响社会的稳定。这是在对民俗文化资源开发过程中必须考虑的问题。

3. 民俗文化的同化和庸俗化。

随着旅游业的发展和旅游者的涌入，异族或同族异地的文化会快速地传入并渗透，旅游目的地的民俗文化会逐渐被同化甚至消失。不仅如此，在民俗文化资源的旅游开发中，过分夸大地宣传、渲染会使当地淳朴的民俗文化失真、被亵渎、被扭曲，甚至为了迎合部分游客的需求，着力渲染一些无聊、下流、色情的内容，使得原本古朴、独特、纯净和美好的风俗变得不土不洋、不伦不类、低级庸俗。

第二节　行旅途中的民俗文化

一、出行的习俗与禁忌

我们每天生活在自己的小范围中，当我们走出自己每天熟悉的环境，置身于陌生的世界时，人们自然就会产生一种危险意识。但是为了生活、生产和交往等需要，人们又必须出行，陆路乘车，水路乘船。于是，为了保障行旅途中的安全、寻求心态的平和静逸，人们逐渐形成了一系列关于出行的风俗习惯与禁忌。

这一部分中我们就分别从出行的饮食、出行的礼仪与出行的时间来逐一分析出行中的禁忌。

（一）出行的饮食

中国有句俗话叫“穷家富路”，出行是大事要事，须考虑细致、准备充分，首先是要带足所需费用，俗称“盘缠”，还要带上衣物等一些必备的生活用品。若是骑驴、骑马出行，除尽力带干粮如烙饼、煮鸡蛋等外，还要带足草料。有的外出经商的人还会带几只狗随行，其目的就是夜间用来守护货物。

行旅途中的饮食一直受到人们的重视。俗话说：“出门在外，干粮多带”，直至20世纪六七十年代，人们出门旅行还会自带些食物，沿途投店住宿时简单打火进食。行旅所带食物，俗称干粮，具有含水分少、不易腐坏、易于携带等特点。

我们都知道北方地区多产小麦，行旅者多带馒头、烧饼、锅盔、馕等传统面食。如陕西的锅盔厚达10厘米左右，外实内松，可保存一个月不坏。新疆特色食品——馕，是以火炉烘烤而成的面饼，即便是饮凉水时食用也很可口。南方产稻，人们远行时带“冻米”，“冻米”须在冬季制作，将糯米用水浸泡五六天后蒸成饭，待饭冷却后，将其抖散成粒状，然后露天冻酥晾干，使之成为一粒粒互不粘连的“冻米”，再将其炒至酥熟。冻米可长时间不坏，食用方便，与现在的速食面、速食米饭一样，用热开水泡食即可。

山东有一种硬面火毙叫“卞工子头”，专门供应长途旅客，一个火烧足有一斤重，将火烧用麻绳穿成一串，挂在马鞍或车辕上，风干后更是长期不坏。食用这种火烧非常方便，可直接干吃，可泡热水吃，做成烩火烧更是可口。如今在北京大兴区的青云店有家饭馆，以“扣饼”这道美食出名，很多人慕名远道前往品尝。“扣饼”其实就是将炒饼扣上蛋液煎成一个圆饼，焦香松脆、别有风味。据店主介绍，“扣饼”就是当年行旅者在旅店、饭馆投宿、歇脚时，让店家帮着加热自带的烙饼而逐渐演化出的精细化加工方法。东北地区因寒冷季节长，行旅之人可多带食物而不必担心腐坏，一般喜欢带地方家常美食粘豆包，有面有馅，可到旅店里加热后吃，也可在路上直接冷食。有的人还直接带米面、蔬菜、手把肉、烧酒等，到旅店加工成饭菜食用。

（二）出行的礼仪

古时候的出行之人，无论是集体外出还是个人远行，都十分信奉能够保佑生命安全的一系列神灵和一整套规矩。首要的出行礼仪就是祭神求安，旧时民俗信仰中，有相应的行神、马神和车神等。

行神习惯上我们也称之为路神，据传说是黄帝的妻子嫘祖。车神是夏朝车的首创者奚仲。

马神又称马王爷，马车是传统的交通工具，车把式数量也非常多，为祈求平安，就在农历六月二十三用全羊祭祀马神。每年春节过后，头一趟出车时，车把式还得在马厩旁焚香鸣炮，祈求马神保佑这一年车行千里、人马平安。马王爷的神像多为红面多须，四臂或六臂，身披铠甲，看上去狰狞恐怖，特别是马王爷长有三只眼，其中一只竖在额头上，民间常说的“马王爷三只眼”就是源自这里。

在行旅民俗中还有一套迎送礼仪。民间有出远门需举行告别仪式的风俗，称“饯行”。古代文人墨客讲究折柳相别，以长长的柳丝表达惜别思念之情，或赋诗赠别，唐宋诗词中就有不少的饯行作品。一些少数民族地区流行唱歌送行。现在这些习俗虽然已经简化，但通常也要全家人凑齐吃一顿饯行饭。许多地方都有“出门饺子回家面”或是“上马饺子下马面”的迎送习俗。饺子形似元宝，出门吃饺子是祝愿出门发财；外出归家或是客人来访要吃面条，是用长长的面条将其缠绊，希望待得长久。

有些地方饯行时要煮鸡蛋带着，叫作“送元宝”，祝愿旅途平安顺利。条件较好的家庭还要摆宴席，请来家族兄长、亲朋好友喝饯行酒，表达祝愿。道别时，长辈们定要说一些安抚的吉言吉语，有的还会资助一点盘缠。有的地方出行的人要系上红腰带，以此辟邪气、保平安。李白在《金陵酒肆留别》中写道：“风吹柳花满店香，吴姬压酒唤客尝。金陵子弟来相送，欲行不行各尽觞。请君试问东流水，别意与之谁短长？”这首诗作是李白离开金陵东游扬州时留赠友人的一首话别诗，诗句不多却情意深长，深切表达了李白与金陵友人的深厚友谊及“诗仙”的豪放性情。

（三）出行的时间

中国旧时对于亲友出行特别是长途旅行极为重视，出行的习俗古老而繁多。人们出行首先要挑选吉利的日子和时辰，这一习俗相当普遍：通常是占卜择日，简易的择日是查阅黄历，翻开“黄历”，基本上都有宜出行、忌出行、宜行舟、忌行舟的相关标注。出行挑日子在民间百姓中也有很多惯常说法，例如：三六九往外走，二五八好回家；破五不出门，初六利出行；七不出门，八不回家。有些地方俗忌正月初五出行，因初五为破五，恐有不吉，而且每月的初五、十五、二十五都不能出远门。还有，一般出行当天都是宜早不宜晚，有“鸡鸣早看天”、“赶早不赶晚”的说法，还有三更起身、五更上路的习俗。人们相信若依照这些说法安排行程就会吉利顺畅。这些出行择日、尚早等习俗，对现在人们远行出游仍有一定程度的影响。

除择吉日出行的习俗外，古时还有出行占卜方向的俗信，认为出门的方向是有吉凶兆示的，民间有一种说法：老不上北，少不下男；老不入川，少不游广；老勿走新疆，少勿走苏杭。当然，这些早已成为老黄历，逐渐销声匿迹了。

二、旅行归来的接风洗尘

“洗尘”的字面意思是为长途旅行者洗去路途中的尘土，后人将其引申为旅行者设宴接风，出行前设宴席为其送行，到目的地或归来之后也有人为之接风洗尘，款待来客。

这种设宴款待来客的风俗由来已久。《论语·微子》中有这样的记载：“子路从而后，遇丈人，以杖荷蓧。子路问曰：‘子见夫子乎？’丈人曰：‘四体不勤，五谷不分，孰为夫子？，植其杖而芸，子路拱而立。止子路宿，杀鸡为黍而食之，见其二子焉。”丈人“杀鸡为黍”款待子路的记载，说明这种设宴款待来客的风俗早在春秋战国就已出现。

汉朝时，这种设宴款待来客的风俗也在民间广泛存在。东汉时期有两个情同手足的朋友范式和张劭。两人相约两年之后范式到张劭家拜访其家人，到了约定时间，范式应张劭两年之约来拜访张劭，得到张劭母亲设馔款待。这件事在《后汉书·范式传》中有记载：“范式字巨卿，山阳金乡人也，一名汜。少游太学，为诸生，与汝南张劭为友。劭字元伯。二人并告归乡里。式谓元伯曰：‘后二年当还，将过拜尊亲，见孺子焉。’乃共克期日。后期方至，元伯具以白母，请设馔以候之。母曰：‘二年之别，千里结言，尔何敢信之审邪？对曰：‘巨卿信士，必不乖违。’母曰：‘若然，当为尔醖酒。’至其日，巨卿果到，升堂拜饮，尽欢而别。”

宋时苏轼曾写诗：“伫闻东府开宾阁，便乞西湖洗塞尘。”《大宋宣和遗事》中也有：“多年不相见，来几日，也不曾为洗尘。今日办了几杯淡酒，与洗泥则个。”元曲《竹坞听琴》中也有“便安排酒肴，与孩儿接风去来”的说法。小说《红楼梦》和《水浒传》中，对接风洗尘的描写就更多了，在此不再赘述。

第三节　游艺民俗与旅游文化

一、游艺民俗分类

游艺民俗从表现方式上、年龄层次、内容和方式为标准分别划分出五种不同的游艺民俗的种类，其中每一类还能够再进行细致的划分，在这里我们主要根据游艺民俗的内容与形式的标准划分，具体划分类别如表2–3–1所示。

表 2-3-1　游戏民俗分类

种类	口碑民俗类	民间歌舞类	民间工艺类绘画	民间竞技类	民间游戏类
具体类别	民间歌谣 民间故事与神话 传说 谚语与谜语 说唱与小戏	民间歌舞 民间乐舞 民乐	剪纸 雕刻 雕塑 民间工艺	竞力 竞技 竞智 竞速 竞准 竞远	助兴游戏 玩要性游戏 智力性游戏 博戏

二、游艺民俗的特性

游艺民俗由于产生在特定的文化背景与特定的社会环境下，因此具有其自身的特定，主要表现在以下几个方面。

（一）地域性

游艺民俗是在一定的自然、人文环境中孕育产生的。它的形态往往取决于人们的生产、生活方式，受地域条件的制约，因此呈现出地域性特征。中国幅员辽阔，南方与北方由于水土条件的差异、生产方式的不同、饮食结构的区别，作为调节社会生活的游艺民俗也各有特色，所谓“南方好傀儡，北方好秋千”。北方天高地阔、气候寒冷，人们的生产和生活条件相对艰苦，在与大自然的严酷斗争中培养了勇武精神，因此，赛力竞技游戏发达，如摔跤、驰逐、拖冰床等；南方山环水绕，气候温和，农业精耕细作，物质条件优于北方边地，人们性格柔和、灵巧，富于想象，长于智力游戏和技巧游戏，如猜谜、对联、斗茶、弈棋等。当然这种区分是概略性的，南北游艺民俗交叉共生的也为数不少。

除了上述我们所说的南北两地的地域差异外，还存在山地与水乡、高原与平野的区别，游戏娱乐因地制宜，如山乡的竹林竞技、水畔的水嬉、高原的骑射、平野的登高等，这些都是游艺民俗地域特征的表现。

（二）娱乐性

娱乐性是游艺民俗文化最重要的特征。我们并不否认游艺民俗文化在产生之初拥有祭祀、祈祷等实际的功用或隐含某种深刻的文化意义，但随着社会的发展、文化的流变和旧的传统的逐渐异化，原始的民俗文化功用在逐渐淡化，但它的娱乐形式则得到了完整的保留，如端午节的竞龙舟，如图 2–3–1 所示为赛龙舟的场景，其最初是为了拯救屈原，也有说是为了拯救曹娥，但发展到后来，仅仅成了龙舟竞渡比赛，成了一种竞技娱乐，最终成为中华民族具有代表性的竞技娱乐民俗。

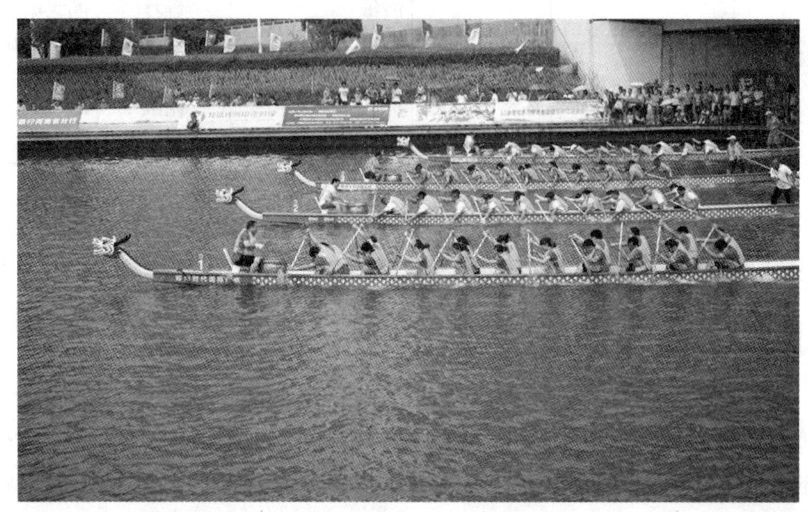

图 2–3–1 赛龙舟

（三）竞技性

如果说娱乐性是游艺民俗文化的灵魂的话，那么，竞技性就是游艺民俗文化的根本所在。这里说的竞技性，主要是就游戏娱乐活动中所包含的竞技心理，即争胜心理而言的。一般来说，游戏娱乐活动多含有程度不一的竞技心理。无论是智力游戏、体能游戏，还是技艺、技巧的比试，多以斗奇争胜为快事。游戏中的竞技性质，能使参加者在互相较量、竞赛中获得心理的愉悦，甚至能起到磨炼意志、开启心智的作用。

（四）民族性

民族性与地域性既有联系，又有区别。一定的民族居住在一定的地区，他们在特定的地域条件下形成自己的生活习惯，带有地域色彩。但民族文化心理一经形成，即有强烈的传承性，即使脱离了特定的地域空间，仍会继续保持本民族的文化。因此，地域性不能替代民族性。中国是多民族的国家，中国游艺民俗有着鲜明的民族性特征。

我们都知道北方少数民族以游牧为主。生产的粗放、生活的漂移不定，养成了他们粗犷豪放的性格。

通过对一些相关资料的了解之后，我们即可发现，蒙古族被世人称为

“马背上的民族”，这主要是由于蒙古族人民长期生活在草原，以游牧为主，马背上的生活较多所形成的。他们将摔跤、赛马、射箭称为“男儿三艺”（图 2–3–2），他们认为练好三艺才是真正的蒙古汉子。

（a）

（b）

（c）

图 2-3-2　男儿三艺

与蒙古族相比较来说，中原地区的人们生活在平原地区，没有游牧生活，其生活的空间也不像游牧民族一样四处飘荡，尤其较为固定的场所活动，因此这一地区的人们其游戏的形式多是较为平和的诸如放风筝等一类的游戏图 2-3-3。

南方山地的少数民族游戏娱乐也各有特色，因受场地限制，他们的游戏一般小巧灵活。如土家族的“打贡鸡”，畲族的“打尺寸”，苗族的手打毽子等。

图 2-3-3　放风筝

同一类性质的游戏，在不同的民族地区也表现出不同的民族色彩。如同为象棋，在蒙古地区流行的是与汉族地区不同的蒙古象棋。

三、游艺民俗与旅游的关系

随着时代的发展，体验式旅游活跃在人们的视野中，并且引起了旅游者的出游兴趣。特别是对于每天生活在压力大、节奏快等氛围中的城市居民而言，旅游的真谛在于看到赏心悦目的事物的同时实现身心放松、心情愉悦的目的，这种心灵的放松才是旅游者的终极追求。相对于其他民俗旅游资源，游艺民俗因其集参与性、娱乐性、观赏性于一体的特性，更符合旅游者的多种需求，旅游价值自然不可估量。

（一）游艺民俗的旅游价值

游艺民俗的形式多种多样，不仅具有观赏性价值，同时还具有娱乐性的价值，下面我们就其旅游价值做一分析。

1. 娱乐价值

游艺民俗正是由于其自身的娱乐性价值才得以流传，我们通过对一些资料的了解以及自身的经历都知道，游艺民俗多数是以人们喜闻乐见的形式展示，如民间戏曲、民间歌舞、民间杂艺、民间游戏等，拥有广泛的群众基础。对于困在城市丛林中的都市人群来说，各种各样的游艺活动是舒缓身心、释放压力最好的方式之一，也是人们最容易接受的娱乐方式。所以在旅游活动中合理地引入游艺活动，把不同的休闲娱乐方式融合在一起，对于旅游目的地和旅游者来说都意义非凡。

2. 参与价值

许多旅游目的地因为特色不鲜明或者希望旅游者数量迅速增多，依托一定的设施或者资源开发参与性的项目，比如开发一些大型的游乐项目，来吸引旅游者的眼球，增强旅游者的体验感。一般来说，参与程度的强弱是与旅游者的愉悦程度强弱成正比的。大部分游艺活动本身就具有参与性强的特点，能使人们全部或部分地参与进去，因而是得天独厚的民俗旅游资源。

随着时间的推移，之前的旅游形式已经不能满足人们日益发展的需要，在旅游的过程中，人们加入到旅游民俗活动中的意向越来越强，日常生活中自身的经历总想着与他人的某种特殊的经历相交换，因此在旅游中参与互动、增加自身经历，成了旅游中一种很好的选择。从另一方面来说，旅游者参与互动，使得东道主和旅游者之间的关系就此拉近，增强了人与人彼此之间的交流。但并不是所有的游艺活动都可以让旅游者体验，有些游艺民俗对于一般的群众和旅游者来说只能观赏而不能参与。

3. 欣赏价值

在观光旅游时代，人们在旅游活动中更多地追求视觉上的冲击，通过看世界，来感受旅游资源带来的与众不同。随着时代的发展和旅游经历的不断成熟，旅游者观察世界的方式发生了改变，由“眼看”转变为“心看”，评价旅游资源也不再仅仅停留在悦目层面，更多的是在思考这次出游给心灵带来的冲击，此时的旅游活动便进入了更高的层次。

游艺民俗因其形式多样化，有口头表现的形式，有肢体展现的形式，还有竞力、竞技、竞智形式等，能以最真实的娱乐方式来展示民俗特色，感染力强，容易与旅游者产生心灵共鸣，能够满足旅游者的心理诉求；游艺民俗包罗万象，如果通过适当的方式展现给旅游者，自然能达到赏心悦目的效果，欣赏价值越高，越容易给旅游者留下深刻的印象，从而对他们的生活产生潜移默化的影响。所以游艺民俗对旅游者而言其价值首先体现在欣赏层面，在视觉上激发旅游者的兴趣；之后才是旅游者通过参与、体验或者其他方式来感受它的魅力，提升对它的认知，从而实现旅游者的心理诉求。

（二）旅游对游艺民俗的影响

旅游和游艺活动都是休闲娱乐的方式，两者之间原本根系一脉，具有天然的联系。人们选择旅游方式和参与游艺活动最根本的目的都是清烦去忧、释放压力、实现身心愉悦。两者的真正结合，会为旅游者带来前所未有的旅游体验。现代社会如火如荼开展的旅游活动，在很大程度上促进了游艺民俗的发展和传承。因为越是旅游者感兴趣的东西，旅游目的地出于经济、社会、文化等各方面的利益考虑越会去认真地对其进行推广、保存和传承。此外，旅游活动的六大构成要素——食、住、行、游、购、娱中，娱乐要素基本来源于各种各样的游艺活动。

不过，现代旅游方式也给游艺活动带来了一些负面的影响，很多旅游目的地为了取悦旅游者，为传统的游艺活动加入大量的噱头，使其失去了原真性，随着时代的推移，那些原真的东西慢慢地消失在人们的记忆中而无法传承下去。而旅游者在参与各项游艺活动时也应该理性地控制自己的行为、意愿、好奇心，要体验和融入而不要过分地参与，避免催生某些游艺活动发生变异，导致无法传承和发展。

第四节　生产贸易民俗与旅游文化

一、集市

在最开始的时候其实是没有集市的，中国早期的集市一般仅仅是交换各自缺少的货物，并不计较商品价值之间是否等值。初始时是人们拿着各自的东西到一个固定的场所，将自己的物品与他人的物品进行交，当然所交换来的都是自己生活中所需要的。比如自己家种白菜的，但是常年吃白菜是不可能的，偶尔会拿上自己家的白菜与另外一家种土豆的进行交换。而随着时间的推移，这种交换逐渐发生了改变，之前所交换的物品不再用来交换，而是用来买卖，从这开始才逐渐形成了现在我们所说的集市。如图 2–4–1 所示就是普通集市中的场景。

图 2–4–1　集市

二、商人

中国的商人按照其经营的不同方式主要可分为客商、坐商、行商三种类型。

（一）客商

通常情况下来说，客商是指客居异乡的商人。如晋商（山西商人）、徽商（安徽商人）等等。

历史上在山西、陕西民间，出外经商的习俗十分盛行，在黄河流域以外的地方进行商业活动的山西商人被叫作晋商。明清时期中原一带的晋商十分活跃，甚至日本的神户、大阪、长崎，韩国的仁川，都曾留下了他们的踪迹。晋商行商使得各个地区的经济发展都有所提高，同时也加强了中原地区的文化交流。

徽商，即徽州商人，明代中叶以后至清乾隆末年的三百多年，是徽商发展的黄金时代，无论营业人数、活动范围、经营行业与资本，都居全国各商人集团的首位。

（二）坐商

从字面意义上进行初步理解我们大概就可以所有明白，坐商中的“坐”指的就是在固定的地方坐下，而“商”字我们不用多说，就是经营经商的意思，连在一起的意思就是说在固定的地点经商的一种形式。

通常情况下来说，坐商都集中在城镇居住人口较多的地区，这样比较利于消费。他们都比较重视自己店的名字，他们认为有一个好的店名才能够吸引更多的人前来消费。

（三）行商

民间的行商一般有两种形式。一种是资金雄厚进行长途跋涉大宗交易的商队，像历史上来往于丝绸之路上的骆驼商队等；另一种是小本经营的小贩，走街串巷赚取薄利以养家糊口。著名的如浙江永康的小五金货郎担。但是随着时代的发展，市场经济的不断繁荣，在现代社会中已经见不到这种形式的商人存在。

三、手工艺人

手工艺人，民间俗称为“匠人”，技术高明者被称为“能工巧匠”。民间手工各行的祖师爷都有各自的由来、传说，而有了祖师爷便有师祖的崇拜，人们不仅修筑鲁班庙、老君堂、药王庙等进行祭拜，而且在行业之内还有各种祖师爷生辰祭日的祭祀，非常隆重。各行手工艺都是特殊的工种，需要特殊的技能和特殊的训练，因此形成了手工艺民俗的特征。

（一）生产活动的神秘性

民间手工生产的神秘性，主要表现在师承关系和封锁技术方面，同时也表现在行业中有许多禁忌和特殊的行话。如甘肃武威一带石匠工作时不准开口说话，否则可能导致工伤事故。严禁女人到采石的洞口或洞中，认为女人去了会惹山神发怒。青田石匠称进矿洞叫“进财”，回家叫“拔草鞋”；特别忌说“洗”，因为“洗”与“死”同音，所以连碗也不洗只用布擦干净。手工艺生产的特点和特殊性，使各种手工艺者的门户观念非常强。

（二）严密封锁技术

手工艺人在传承其技艺的时候只是将手艺传授给其徒弟，其他人是得不到这门技艺的，因此在进行传授的过程中不会有其他人在场，当徒弟得到了师傅的“真传”以后，对其他人也是严格保密的。

从另一方面来说，当前经济发展的时代，各个行业之间都存在竞争，手工艺品这种纯手工制作的物品更是考验本事的时代，其技术性的要求就显得更加保密、更加严格。直到现在我们还常常能听到见到。这种技术封锁在一定程度上阻碍了地区手工业的发展，产生了一些弊端。

四、贩运

中国民间贩运生意的传统十分久远。中国商人最早从事的活动实际上就是贩运贸易。到春秋时期，贩运商人和坐商逐渐分离。古人有“行商坐贾”的说法，人们习惯上将贩运商人称为商，而销售商人则被称之为贾。商的地位远比贾高，他们虽无正式市民身份，却拥有大量的财富，是一种地位比较特殊的商人。而身有市籍的“坐贾”却多是一些终日坐店贩卖并以此而养家糊口的小商人。

贩运商人所承担的风险和所受的辛苦很大，没有极大的忍耐精神和随机应变的才能是很难有所成就的。因此，做贩运商人，从准备出门，到中途旅行，至交易场所，都必须谨言慎行，勤勉诚恳，既不受外界的诱惑，又要目光敏锐，讲求策略，不误时机。所以，民间行商贩运有不少训诫，如：晋商中就流传着“十诫”：一诫，守法；二诫，防避不测；三诫，谨慎小心；四诫，少年老实；五诫，刚柔相济；六诫，勤谨用心；七诫，良善忠厚；八诫：活动乖巧；九诫，老成君子；十诫，至实至诚。这些虽然是民间告诫，其中确实包含了不少世故道理。

五、招幌

招幌的本意其实就是为了追求吉利，在民间有时我们也称其为“幌子”

或者“望子”。“望子”从字面上来看，“望”字我们用得最多的就是看的意思，当然，这个字还有希望的意思。招幌是一种具有广告意义的悬挂物。幌子，其实是一种商业广告，在中国，幌子历史也颇为悠久。它不仅表明自己正在经营生意，而且还与行业有着非常密切的关系。

商贸民俗中的幌子根据行业的不同有着不同的分类，通常情况下可分为实物幌子、模型幌子、文字幌子、旗帘幌子和象征性幌子等。幌子简明易懂，让顾客一目了然。

在现实生活中，这些商业行业服务的幌子因行业的不同其特色各不相同：裁缝店则在木板上写“成衣”二字做幌子；如果是卖酒的店铺，很多时候我们见到的是门前有一个葫芦或者是插一面旗子，上面写着“酒”字；当铺门前则悬一个斗大的“当”字；茶叶店门前是“茶”字。鞋店挂一双大鞋，帽店挂一顶精制的帽子，刀剪店挂一把大剪刀等。理发店门前则放置一盏红蓝两色相间的转灯等。

幌子不能随便乱挂，在有些地区招幌悬挂有等级象征。如在东北，旧时饭店挂用红绸包裹带流苏的罗圈就很有讲究，如挂三只串联的罗圈，则表明是大饭店，有高级厨师，单间雅座，设备齐全，可包办酒席；两只罗圈表示一般饭店，既有高档佳肴，又有家常便饭可任顾客挑选；挂一只罗圈，则是小吃铺，是花钱少、吃得饱的地方，但门面不能太挑剔。

六、小贩货声

吆喝叫卖，属于用声音指称所卖货物的民俗形态，称“货声”或“市声”。行商小贩在走街串巷贩卖货物时，仍继承旧时的传统，利用响器声和吆喝声招揽顾客。

旧时北京城里的货声颇具特色，小贩的吆喝声一般都有简单的曲调，顾客即便听不清其所吆喝的内容，但根据其约定俗成的曲调就能辨别卖的是什么货物，小贩的响器也大都因行业的不同而各具特色，方便顾客辨别。北京、天津一带卖小吃的小贩，吆喝花样颇多，常见的有，卖金鱼的喊“哎——大小——金鱼来！”卖樱桃的喊“小红的樱桃，快尝鲜！”以及“老豆腐，开锅！”“炸丸子，开锅！”如此等等，还有一些小贩，在长期的吆喝叫卖中，其吆喝声不但旋律高亢、声腔悠扬，而且多具有北方高腔的音乐性旋律。

北京、天津一带小贩用于招揽顾客的响器，常见的有：剃头的手里拿一把上宽下窄、形似镊子的响器，叫“唤头”，用铁棒扒拉发出“嗡嗡”三声；卖布的摇拨浪鼓；卖日用百货的用竹藤棍敲击葫芦瓢……旧时各地城镇流行的货声，以其特有的艺术魅力和乡土风采深受文学家、美术家的关注。如今，在很多的旅游景区、景点均有以货声吸引游客的场景，如在河南开封，相国寺、开封府里甚至大街上均可听到特殊的叫卖声和砸花生糕的开封花生糕小贩的市声，游客莫不驻足观看，甚至有的游客还参与其中，给旅行带来了特殊的乐趣与体验。

七、民间工艺品

在漫长的社会历史发展中，广大劳动人民为满足自己物质和精神生活的需要，以粗廉的原料，用手工简陋工具加工制作，创造出众多民间工艺品。

我们现实生活中所熟知的工艺品主要有：麦秆画、麦草画、剪纸、彩塑、泥塑、草编、竹编、蜡染画、年画、烙画、刺绣、面塑等。

在上述我们所说的这些工艺品中，如图 2-4-2 所示，（a）为传统“福”字的剪纸样式，（b）为泥塑制品，（c）为竹编工艺制品，（d）为刺绣工艺制品。

（a）　（b）　（c）　（d）

图 2-4-2　民间工艺品

民间工艺品与原始宗教和巫术活动有着密切的关系，祝福祈祥、镇恶辟邪、生殖崇拜等成为其重要的文化内涵。随着社会经济文化的发展，民间工艺品中的原始文化内涵已经淡化，成为民间审美文化的重要代表。它在游客旅游的过程中，成为审美的重要组成部分，也作为旅游纪念品成为永久的纪念。

八、生产贸易民俗与旅游的关系

随着旅游向专业化发展，出现了休闲旅游、生态旅游、农业旅游、工业旅游等新的形式和更为细化的旅游方式。依照对民俗旅游资源的界定，只要具有一定的观赏性、娱乐性和经济性，都可以列入旅游资源的范围。稻作、蚕桑业、渔业、手工业等，都符合这些要求，自然也是亟待大力开发的宝贵资源。

我国是个农业大国，农业生产的内容全面而丰富。农业生产民俗可以说是我国传统生产方式的全面反映。通过这些民俗，可以看出农业生产的流变和传承。当然，对于旅游而言，这是原生态的民俗景象。原始而古朴的农业生产方式，由于现代化生产力的迅猛发展和科技的高度发达，正在不知不觉中慢慢消失。这不但对农业生产民俗研究者而言是个遗憾，对广大有兴趣于此的旅游者来说也是一种遗憾。因此，大力开展农业民俗旅游十分必要，而且农业民俗旅游还能以其独具的生态性、田园性、休闲性吸引越来越多的旅游者，成为现代旅游的新天地。

第三章　旅游工艺品设计的基本理论

如今，随着社会经济的发展，人们生活水平的提高，越来越多的人开始追求精神上的享受，而旅游就成了人们日趋追求的一种生活方式，提到旅行就自然会想到其象征和代表，即旅游工艺品。随着旅游工艺品越来越受欢迎，旅游工艺品设计具有更大的市场和发展潜力。本章就主要从认识旅游工艺品、旅游工艺品设计的概念及要求、旅游工艺品行业发展的动力以及其发展现状和趋势三个方面来介绍旅游工艺品设计的基本理论。

第一节　认识旅游工艺品

一、旅游工艺品的概念

旅游工艺品是一种相对特殊的工艺品。

世界旅游组织对旅游工艺品的定义是这样的，旅游购物指的是为旅游做准备或者在旅途中购买商品的花费，不包括服务和餐饮，其中购买商品包括购买衣服、纪念品、工具、报刊书籍、珠宝、音响资料、美容及个人物品、药品等，不包括任何一种出于商业目的所做的购买，也就是为了转卖而购的物品。简单来说，旅游工艺品或旅游购物品指的就是游客在旅游活动中购买的且以物质形态存在的实物。广义上指的是旅游纪念品、各种土特产、旅游日用品、文物古玩及复制品、各种工艺美术品和各种旅游零星用品等。

旅游工艺品与一般的工艺品的不同之处在于它除了能够反映某个旅游景点的特色，体现旅游景点的自然景观和人文景观外，还能够存储收藏，更是某个旅游点所独有的，其他地方都没有的用品或艺术品，具有鲜明的独特性。从旅游的资源性上来说，旅游工艺品指的就是某个旅游景点在旅游市场上具有存独性的商品。

从设计与制作的工艺性上来说，通常旅游工艺品多运用典型的地域性设计手法，使用该旅游地所特有的资源或材料来制作，具有独特的审美价值和难得的工艺美，旅游工艺品是当代艺术魅力的重要载体，也是新颖的设计艺术品，兼具历史传承价值和艺术价值。

从旅游工艺品所包含的广义性来说，旅游工艺品包括旅游地的特色工艺品、经营管理用品（如门票等）以及旅游服务用品（如导游图、说明书、图书和音像资料）等方面，而狭义上的旅游工艺品则特指旅游地当地的特色工艺品，如雕塑、金工、蜡染、刺绣、花画工艺以及各种玩具等。

二、旅游工艺品分类

旅游工艺品在资源上属于可再生资源，可以持续开发，但是旅游资源是不可再生的，其开发也是趋于枯竭的。旅游用品基本上可分为普通旅游用品和旅游工艺品、礼品、土特产品等。“普通旅游用品”主要指的是旅游过程中所必需的娱乐、记录、安全等方面的物品。而“旅游工艺品、礼品、土特产品”则主要集中在旅游城市或旅游景点的商店中，主要旅行纪念品或馈赠给家人、亲友的物品。一位从事现代礼品贸易的业内人士说，“现代礼品其实是概念比较宽泛，其中所涉及的行业也很多，包含的内容也很多，主要有电子礼品、纪念品、电子礼品、节日礼品、办公礼品、工艺品、皮具礼品、收藏品、家居礼品、模型等。”根据旅游不同的旅游工艺品的购买需要及收藏需要，可以将旅游工艺品分为两类，即纪念性旅游工艺品和实用性旅游工艺品。

（一）纪念性旅游工艺品

一个具备良好设计的旅游工艺品承载的特殊信息有很多，纪念性旅游工艺品可以将不仅能够传递大量旅游景观、更能够将很多当地人文和艺术信息传达给大众，它将产品的材料、工艺以及旅游当地独有的地域观念集于一身。这种实物宣传，具有“润物细无声”的作用，甚至比广告宣传更有说服力，能够有效提高旅游地的知名度。如黄河澄泥砚、豫西剪纸、仰韶彩陶、黄河奇石、木版年夏秸秆画、根雕等纪念性旅游工艺品图3-1-1～图3-1-8。

图 3–1–1　四川广汉三星堆金面具

图 3–1–2　屏风转角铜托

图 3–1–3　西汉二人盘鎏金铜扣饰

图 3-1-4　四川广汉三星堆文物

图 3-1-5 唐三藏西行

图 3-1-6 青铜神树

图 3-1-7 阿诗玛肖像剪纸

图 3-1-8 马踏飞燕根雕摆件

（二）实用性旅游工艺品

旅游时，我们在亲身感受的过程中享受精神的放松。而旅游工艺品作为旅游活动的物化，让我们日后能够重温旅游的过程。旅游是人们暂时放下忙绿生活，享受美景与美食的美好经历，然而旅游也是短暂的，每一位旅行者都有留住旅游美好瞬间的期望，旅游工艺品则能够满足人们的这种期望。对旅游工艺品的品鉴往往伴随着对旅游的美好记忆。如黄金珠宝系列、陕州刺绣、陕州糟蛋、大营麻花、水花佛手糖糕、观音堂牛肉等实用性旅游工艺品图 3-1-9 ~图 3-1-20。

图 3-1-9　宜兴紫砂壶

图 3-1-10　苗银连环

图 3-1-11 景德镇瓷器

图 3-1-12　龙袍

图 3-1-13　旗袍

图 3-1-14　民间工艺设计

图 3-1-15　　羌族绣品

图 3-1-16　民间剪纸

图 3–1–17　宝贵长命锁（一）

图 3–1–18　宝贵长命锁之连生贵子

图 3–1–19　宝贵长命锁（二）

图 3–1–20　宝贵长命锁（三）

三、旅游工艺品的特征

（一）民族性和地域性

民族性和地域性是旅游工艺品的本质特征。“旅游”既是名词也是动词，旅游本身就是一种文化的交织和融合，而构成这种文化交织的节点就是许多地方景点与文化特色。旅游工艺品作为旅游文化的载体，是用当地的原材料和传统的工艺制作并生产的，其设计理念也蕴含了传统文化与独特创意，旅游工艺品另一个对游客具有吸引力的方面是，在对旅游工艺品进行设计时，可以将不同地域和民族的审美标准、消费方式、人际关系以及群体爱好通过工艺品的外在形式或使用方式表现出来。各地区所独有的旅游工艺品的民族性和地域性等特点使它们各自具有自己的特色，不能被取代。具有鲜明的民族性和地域性的旅游工艺品更容易被游客所喜爱并受到欢迎，且能够形成自己独有的品牌特色，一旦具有品牌知名度，那么其市场就比之前要广阔得多了。游客在旅游过程中享受的其实是一种差异化的文化体验，因而民族风格和地方特色越突出的旅游工艺品其纪念意义也就越深刻，因此也会更容易受到旅游者的喜爱。

（二）层次性和针对性

旅游工艺品的市场特征是层次性和针对性。旅游工艺品的层次性特征主要体现在两个方面：第一，不同游客的旅游动机和需求具有明显的差异；第二，不同旅游工艺品具有的不等的消费价值。由此看来，旅游工艺品首先要面对不同的消费群体进行市场定位，如可分为高、中、低三个层次。其次，为满足游客多层次的消费需求，旅游工艺品的设计者也可以设计出不同款型、花色及价位的旅游工艺品。由于游客来自的国家和地区、宗教信仰和风俗习惯的不同，旅游工艺品就要根据游客这些方面的差异，有针对性地进行生产活动，以确保旅游工艺品的有良好的销路。这就是旅游工艺品针对性的体现。

（三）趣味性、纪念性以及相对实用性

人们在旅途的奔波中之所以愿意停下脚步来购买旅游工艺品，很重要的原因之一是工艺品本身具备较强的趣味性，如果说玩具仅仅是孩童的专利，那么旅游工艺品便可以是老少皆宜的大众型玩具。旅游工艺品从设计之初，便要以趣味性为标准，将旅游者的爱好和个性融入其中，将文化、艺术、知识和生活这几个元素加以平衡，使之达到一种能与人们旅游目的相适宜的体验效果，给人以美的艺术享受，丰富旅游者的综合感受。因此，旅游工艺品设计的核心是设计新颖独特、造型逼真、具有活泼有趣的特征。

旅游工艺品具有纪念性的特征。这种纪念性不同于拍摄相片带给人们的感受。前往旅游地旅行的游客除了领略当地风土人情、游览异地风光、参观当地人文遗产外，一般都还有购买当地富有纪念意义的旅游工艺品的愿望。旅游工艺品不同于照片的一点是，它的纪念性是立体的，具有实在载体，也是可以保存的。游人购买一件具有纪念价值的旅游工艺品，就能随时随地唤起他们美好的旅行记忆，使他们对生活意义的认识和理解得到提升。例如，去过越南旅游的人都会对戴着斗笠，忙碌于田间的人物形象记忆犹新。当去过越南下龙湾的游客带回一顶越南本土制作的斗笠（图

3-1-21），并把它悬挂于家中的空白墙壁时，就为家里增添了一件具有浓郁特色的居室装饰品，同时又能令自己时常回想起这段独特的旅游记忆，这样给人们带来的感受远远超过选择戴着斗笠拍一张照片，让照片安静地躺在电脑里或放置在相框所带来的效果。

图 3-1-21　越南头戴斗笠的行人

旅游工艺品还具有相对实用性的特征。旅游工艺品的实用性指的是要把实用性的日常商品赋予纪念性的文化内涵。旅游工艺品的实用性通常并不一定具有日常操作层面的意义，而是多用于环境的装饰或点缀，因而它不等同于一般产品的实用性，故具有相对性。例如，有的旅游工艺品只对某种对其有需求的人才有实用价值，有的旅游工艺品还会受到时间和季节的影响。

（四）多样性和便携性

虽然游客购买旅游工艺品的目的不尽相同，但是总的来说主要分为三种，第一，自己留作纪念；第二作为礼物赠送给亲人朋友；第三，在旅途的过程中使用其实，由于旅行的客观条件制约，一般旅游者对旅游工艺品的需求数量不多，但要求品种相对较多，并且对工艺品的质量、体积、重量等有一定的要求，主要就是希望工艺品便于携带，且有相对多的选择余地。事实证明，满足以消费特点的旅游工艺品具有良好的销售市场。销售反作用于生产，这也对其最初设计提出了更高的要求。例如，要求工艺品的设计小型化，在使其具有正常功能的条件下尽量设计得小巧玲珑，方便携带；为使工艺品更加轻便，在生产商品时应该以轻质原料代替重质原料而不明显加重旅行中携带和运输的重量；使工艺品用途的设计多样化以使一物多用，减少累赘。

（五）艺术性和创新性

没有特色的旅游工艺品也就没有了生命力，因此，在设计创新时，除要蕴含传统文化外，还需具有独特创意和审美艺术性。如图 3-1-22 ~ 图 3-1-23 中，可种绿植的功夫熊猫和京剧版熊猫摆件都是独具创意且观赏价值与实用价值并具的旅游工艺品。

图 3-1-22　可种绿植的功夫熊猫

图 3-1-23　京剧版熊猫摆件

四、旅游工艺品的功能

1. 增加旅游收入，带动旅游地经济发展的功能

旅游工艺品具有增加旅游收入，带动旅游地经济发展的功能。旅游业是中国的朝阳企业，在旅游业“食、住、行、游、购、娱”的产业链条中，旅游购物的重要性不可小觑。随着人们收入和生活水平的提高，人们对旅游品质的要求不断提高，对旅游产品的购物热情逐渐高涨，期待买到更好更具创造力的旅游工艺品。旅游工艺品的销售极大拓宽了旅游的购物市场，给旅游地旅游商品的繁荣注入了新的活力，为当地的设计企业、制造业、运输业等提供了新的生机，是旅游地经济发展的重要的新的增加点。

2. 旅游工艺品具有增加旅游地知名度和影响力的功能

旅游工艺品反映了旅游地的独特自然景观和人文风貌，是一张可移动的名片。它以自己独特的存在方式无声地介绍和宣传特定的旅游内容，并随着旅游者的流动、馈赠及展示欣赏，它的免费宣传作用的范围也在不断扩大。

3. 旅游工艺品具有纪念收藏的价值

随着社会经济的发展，人们生活水平的提高，越来越多的人开始注重精神层面的享受。注重追求生活乐趣与审美情趣，愿意花时间和金钱来收藏一些艺术品陶冶情操。旅游工艺品本身不仅具备艺术品的属性，同时它也浓缩了一个地域特有的文化内涵和民俗特征，积淀了一次旅游的美好记忆，因此，旅游工艺品也随之成为旅游的证物。也有一些旅游工艺品由知名设计师、美术家等亲自操刀设计，或是曾获得相关的设计奖项，限量销售，则更加具有收藏价值。

4. 旅游工艺品具有投资增值功能

旅游工艺品作为一种特色旅游商品，具有与特定旅游地相联系的垄断价值和社会文化内涵，随着时间的推移将成为文物，时间越长越是珍贵，尤其是在某些关键时间节点或重大旅游展示活动中具有明显的投资增值作用，如图 3-1-24 中的 2008 年国际奥运会的吉祥物福娃。

图 3-1-24 北京 2008 年国际奥运会吉祥物福娃

第二节 旅游工艺品设计的概念及要求

一、旅游工艺品设计的概念

旅游工艺品设计是现代艺术造型中的新兴学科。它指的是运用美术学、美学、营销学、社会心理学、造型艺术学、环境学及工艺美术设计的基本思路，并结合旅游景点的自然景观、人文景观的特点进行旅游工艺品设计的学科。旅游工艺品设计必须具有当地本土旅游景区的景点的特征、自然景观的环境特点以及人文景观的文化内涵，而后通过对景点中自然景观、人文景观以及该地区社会经济、历史文化、民族、宗教、地理环境等的调查研究，对旅游工艺品的市场调查、价格定位等的分析，从而全面掌握旅游工艺品设计的基础知识、设计方法和规律。

二、旅游工艺品设计的要求

旅游工艺品设计的目的是生产出符合旅游者生理和心理需求的集实用性、经济性、美观性于一身的产品。因此，在对旅游工艺品进行设计的过程中要对其结构、造型及功能进行综合性设计。作为一种特殊的产品，旅游工艺品的设计的要求与其他产品有所不同，主要有以下三个方面。

（一）旅游工艺品设计应把握地域性特色

旅游业开发的一个重要特征就是地域性特色，各个地区的旅游业只有依托当地自然资源和文化资源，利用好自身特色才能达到吸引游客的目的。要想在旅游工艺品设计的过程中准确把握地域性特征，就要充分把握当地自然资源和文化资源的特点。很多具有地方特色的自然资源本身就具有独特风格，如江南的竹艺、贵州的蜡染以及少数民族地区的牛羊皮工艺等。值得一说的是，近年来，宁夏的旅游工艺品设计就抓住地方特色，利用本土资源设计了一批极具地方特色的作品，如芦苇版画系列、细沙材质的沙版画系列、摇沙系列等，这些作品利用沙湖的细沙和苇叶进行设计，体现了宁夏地方特色（如图 3–2–1）。

再如贺兰石刻系列，用沙子和木棍等物品制作的沙漏斗、羊皮筏子等工艺品在使用当地自然资源的同时也体现了当地特色。要激发旅行者对本土文化的审美情结就要将地域文化资源作为设计的文化背景。设计是一种文化，文化与设计可以比喻为根与植物的关系，通常来说，优秀的设计作品不仅应具有恰当的外在形式，更要具有深层次的文化内涵，蕴含着旅游当地的文化底蕴的旅游工艺品能够让人们了解该地区的文化特色。如果能够在旅游工艺品设计的常见形式中，赋予文化底蕴和内涵，就更容易得到旅游者的认同，并对产品产生某种情感并转化成审美情趣，从而使其消费心理得到满足。因此，旅游地丰富的文化资源就是我们无穷的设计源泉。

图 3–2–1　宁夏沙版画

（二）旅游工艺品设计应注重对民间工艺的继承与创新

人类的早期生产活动就对造物融入了审美的理念，并具有表达民间审美的意愿。也正是由于这个原因，其造物原则便强调淳朴、健康和亲切的自然美，传达一种最原始的审美观。而这种自然纯朴的工艺风格也受到广大游客的喜爱。各地区的旅游部门一直把旅游工艺品的开发作为促进经济发展的手段。越来越多的民间工艺品在市场上出现，这种现象除了带来了经济上的繁荣，也使旅游工艺品自身得到发展。我国许多地区都有丰富的民间工艺资源。例如，有着悠久历史、具有鲜明的民族风格和地方特色的西藏民族手工业，其许多产品在全世界范围内都享有很高的声誉，如唐卡（图 3–2–2）、金银铜铁器、西藏面具、藏腰刀、藏袍藏帽等，这些具有浓厚鲜明的藏族风格的工艺品充分体现了地方特色，也为西藏民族旅游业增添了浓郁的异域风格。在旅游工艺品的设计与开发中充分利用民间工艺技术，除了能够繁荣当地旅游市场，传播当地富有特色的民间文化外，更使民间工艺品在审美趋向、工艺技术、艺术价值和收藏价值等方面得到了相应的发展。

另外，民间工艺品也是现代设计理念尢尽的源泉。民间传统文化是设计的思想来源之一，而民间工艺品是民间传统文化的体现，因此，我们可以以现代审美我们主张从民间工艺品中汲取可利用的元素，在融入现代新理念、新技术、新材料的基础上，对产品的结构、造型、功能等方面进行创新，并对传统民间工艺进行加工、提炼，是其以现代的方式传递传统文化的内涵。平面设计师靳棣强主张中国传统文化与现代设计理念的融入，他所说的这种融入并不是现代设计理念与传统文化的简单相加，而是与中华民族传统文化内涵的融入，而民间工艺品的深入挖掘和开发更应该以此作为原则。此外，许多艺术实践都表明，对民间艺术的挖掘和借鉴对设计师设计过程中素材的搜集和灵感的闪现都具有非常大的帮助，能够使设计作品放射出不一样的光彩。由于现代人们的生活越来越紧张忙碌，都有渴望纯朴和自然的情怀，所以这种设计方式能满足人们的这种情怀。

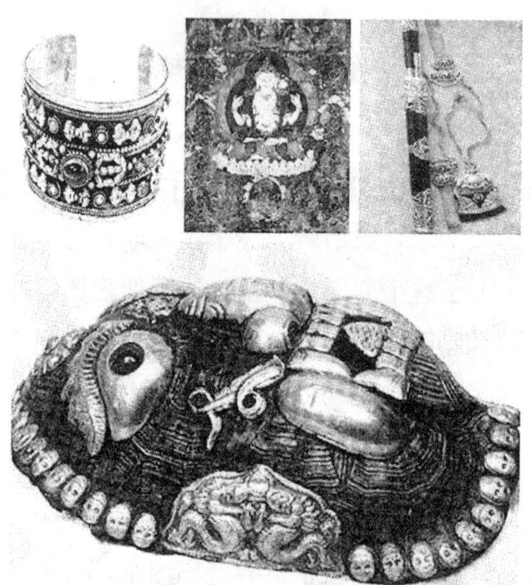

图 3-2-2 藏族民间工艺品

（三）旅游工艺品的设计应注重满足不同旅游者的消费心理

旅游的消费群体是多种多样的，不同的人自然有不同的审美倾向，这种审美倾向的不同对旅游者的消费心理具有直接的影响，旅游工艺品的设计就要以把握不同消费者的消费心理为基础，以达到对不同消费者消费心理的满足。作为旅游工艺品的消费者，常见的消费心理有以下几种类型。

1. 自然型

这类旅游者的旅游动机主要是欣赏美丽的大自然景观，与自然亲密接触。他们常常对反映旅游地自然风光，取材于大自然的旅游产品更加感兴趣。例如，宁夏的贺兰山岩画（图 3-2-3）、沙版画等工艺品，热爱宁夏自然景观的旅游者会对此产生喜爱之情。

图 3-2-3 贺兰山岩画工艺品

2. 文化型

文化型旅游者对景观中的文化内涵十分感兴趣，他们会想要了解当地的历史文化背景，而古代建筑、遗址、和古文物正是历史文化背景的外在表现，通过这些建筑、遗址、古文物，他们可以领略不同地域的文化差异，感受不同文化之间审美视角的不同，体验古代与现代的时空穿梭，从而体验现实生活中无法获得的充实感和体验感。例如，对于文化型旅游者来说，古城西安吸引他们的不仅仅是黄土高原的风光，更是其具有的历朝古都的文化背景，当他们处在悠久的历史文化中并受到深深震撼，对古城的魅力依依不舍时，总希望将这份震撼和感动寄托在一个小小的物件上，那么仿兵马俑、仿铜车马等产品就会更合他们的心意。再如，为了传播当地文化艺术，作为中国历史文化名胜的敦煌生产了青铜器临摹品、壁画临摹品、莫高窟风景油画、陶艺临摹品四大类，共 100 多个工艺品品种。其中临摹品多以莫高窟壁画、彩塑为蓝本，以悠久的历史文化为设计源泉，使文化型旅游者的消费心理得到满足，在产品粗糙、相似的工艺品充斥市场的局面中脱颖而出。

3. 回归型

在现代生活中，人们生活的节奏越来越快，普遍缺少停下脚步休息和享受生活的时间和机会，而旅游恰好是这样一个难得的机会。人们厌倦了城市的钢筋铁泥，渴望大自然的怀抱，希望在自然中做回自在的自己，感受当地纯朴的民风和农家院落安逸悠闲的生活气息，在体验当地的风土人情的过程中找回生活的情趣。基于这样一个原因，他们会更喜欢蕴含当地民风民俗的民间手工品。例如，无锡的惠山泥人（图 3–2–4）、贵州的蜡染艺术、江苏的蓝印花布（图 3–2–5）等，都能够让旅游者感受到轻松自然的生活情趣。注重对民间艺术风格的继承和开发，能使回归型游客的消费心理得到满足。

图 3–2–4　惠山泥人

图 3–2–5　蓝印花布工艺品

4. 社交型

社交型旅游者购买旅游工艺品的目的是在社会交际中提高自身价值或增进友谊。他们一方面希望旅游工艺品能够作为旅游的纪念，可在日后引发回忆；另一方面希望购买工艺品可以馈赠朋友以增进友谊。而符合这类消费者消费心理的旅游工艺品则除了具有地方特色外，还要具有功能性特征和较高的质量，能够符合消费者的身份并足以表达消费者和朋友的深厚情谊。也就是说，具有现代风格的工艺品或者经过改进的民间工艺品能够符合社交型旅游者的购买需求，这类产品从材质到结构、功能都经过精心设计，更符合现代人的审美需求。

地域性特色是旅游工艺品设计的最终目标，民间工艺特色是设计理念可借鉴的基础，而旅游者的消费心理为我们提供了设计的方向，这三点是旅游工艺品设计的基本要求。与此同时，也应满足旅游工艺品设计的其他基本要求，如功能性、创造性、审美性、适应性、经济性等方面，当然也要符合环境保护、社会伦理等要求。同其他设计行业一样，旅游工艺品的设计要求也要具有综合性的特征，它需要诸多的相关知识，如民间美术学、旅游心理学、市场营销等。除设计本体以外，影响旅游工艺品产业发展的因素还有很多，如经济因素、社会因素等。探讨其具体的设计要求，将有助于设计师更好地把握好产品的定位，以满足不断增长的市场需求。

第三节　旅游工艺品行业发展的动力及发展现状和趋势

一、旅游工艺品行业发展的动力

（一）传统工艺的传承面临困境

传统工艺是值得我们去保护的民族文化瑰宝，但近年来传统工艺受到极大冲击，其原因是受到不同文化和价值观的影响，以及大量工业化产品进入人们日常的生活。这种致命的冲击导致工艺传承的模式被打破，工艺与工艺品面临失传、消亡，其主要表现如下。

（1）相比民间工艺品，利用现代科技生产的现代工艺品成本相对较低，实用性强且同样具有美观性，迅速取代了传统的手工艺品进入人们的生活，民间艺人不再具有优势，不得不减少或停止生产。

（2）在现代生产、生活方式、娱乐方式普及的背景下，各种与传统价值观念相适应的传统手工艺品不能够再满足新的文化娱乐和生产生活，从历史的舞台中逐渐退出。

（3）在各种传媒的影响下，年轻一代不断追逐外来价值观和审美观，各种外来价值观与审美观，迅速丢弃自己的文化传统。

（4）各族人民，尤其年轻一代缺乏对本民族文化的文化自觉，把世代相传的手工技艺仅仅当作一种生计能力，一旦技艺失去谋生作用后，便随着艺人的去世而失传。

伴随着人类社会现代化的发展，现代工艺品将进一步取代各种传统手工艺品，传统工艺的传承和发展已成为越来越紧迫的任务。

（二）旅游开发对旅游工艺品设计的要求

在民间传统工艺整体面临困境的时候，旅游工艺品要想再旅游开发中找到了新的市场，并使将古老的手工艺文化得到传承和延续。那么，旅游工艺品在旅游开发过程中的发展与传承需要具备以下特点。

（1）提升旅游工艺品的审美价值，适应旅游需求的审美性。旅游业的发展要求旅游工艺品的设计制作要求突出审美价值，不断研发设计新的器型和纹样，研发新的功能属性，改进旅游工艺品的包装、宣传，使之成为令游客赏心悦目的旅游产品。游客对旅游工艺品的需求促成旅游工艺品市场的繁荣兴盛，加工生产者只有获得了经济效益，才能继续从事对传统手工业的发展经营，从而使其得到传承，因此，要不断生产符合旅游者消费心理的旅游工艺品，在传承中对其进行创新，以获得长足发展。只有这样，才能将各地民族文化展示给来自世界各地的游客，提高知名度，使传统民族文化得到传承和发扬。

（2）在继承手工生产的同时，注重对新的加工工艺和生产技术的引进，开发新的旅游工艺品，在发展与创新中继承与发扬新旅游工艺品，手工艺是旅游工艺品的文化特色之一，然而我们不能因此就抛弃对先进科学技术和生产工艺的使用，利用现代科技和工艺制作出的各种现代旅游工艺品既能使旅游工艺品的种类得到极大丰富，也能够节约相当一部分人力，财力，从而扩大了旅游工艺品的销售市场。在具体旅游工艺品品牌日益提升的时候，为地域性技艺的传承与保护创造了良好的环境与契机。

（三）旅游工艺品设计要求的传承特质

在当代，要想使传统手工业得到复兴，并成为传统旅游业的中坚力量，那么，在传承的过程中就要与以往有些不同，中国传统的手工业要在当代复兴，成为旅游工艺品的中坚力量，其结果与面貌定会与历史传承有所不同，从众多传统旅游工艺品在旅游业中获得传承发展的成功的例子中可以总结出复兴传统手工业有以下几种特质。

（1）传统手工艺品成为游客们在观光旅游以及选择旅游工艺品中争先购买的文化商品，是民间传统手工艺在旅游经济中找到的生存发展之路，也是人们了解传统工艺文化的途径。

（2）传统手工艺品作为旅游产业附属产品，只有获得产业化、规模化的创新发展，才能使传统手工业获得新生并取得发展。

（3）传统旅游工艺品设计的样式要多样化和个性化，并使之趋于多功能，以满足不同消费者的不同消费需求，提高销量，以达到传承传统文化的目的。

（4）在原料的使用上，将天然材料与人工材料相结合，仍然以天然材料为主，但不排斥使用人工材料。在工艺的采用上，将手工制作与先进的技术工艺相结合，仍以手工制作为主体，但也会根据需求运用先进技术与工艺。如此一来，传统手工艺文化艺术就得到外延，形成了新的工艺品，在创新中继承和发展中国民间传统工艺文化。

二、旅游工艺品发展现状

近年来，我国旅游行业普遍加大了对旅游工艺品市场的投入，这些投入在一些旅游景点实现了良好的经济效益和人文价值，但普遍存在以下三个问题。

（一）缺乏对旅游工艺品开发的持续投入

随着旅游业的迅速发展，旅游者对旅游工艺品的需求迅速增加。然而有一些城市的景区虽加大了对景点的投入，也曾开发过一些旅游工艺品，但终因缺乏持续的关注和投入力度，使得旅游工艺品的开发成为鸡肋或变得可有可无，有的则干脆放弃，不少景区依然通过单纯地调高景点门票价格来作为自身的主要收入，忽视了旅游工艺品这一“亮点”。据调查显示，旅游区的工艺品缺乏特色和创意是不少游客抱怨的焦点。这就造成了人们对部分景区旅游的热情大减，形成了旅游行业的恶性循环。

（二）开发理念陈旧

很多旅游工艺品的当地特色和文化含义不够突出，设计没有创意，设计理念缺乏人性化关怀。据调查显示，大多数游人不在景区购买工艺品的原因是产品同质化现象十分严重，在南京夫子庙能买到的东西，往往到了宁夏、山东一样能够买到，缺乏针对当地景区人文特色的独特性设计。调查结果还显示，在能够提起旅游者兴趣的因素中，排在第一位的是设计创新，而后是价格和便携程度。而在工艺品的材质喜好上，金属和竹木最受欢迎，然后是玻璃、纸质、陶瓷，最不受欢迎的材质则是塑料和石头。

（三）品质低劣，粗制滥造，不便携带

作为工艺品，其本身就蕴含着纪念和收藏的价值。目前在国内旅游区，除了价格昂贵的高档次工艺品做工较为精细外，大部分品质都不算高，往往刚买到手在旅途途中就已经损坏了，还没来得及收藏。还有的工艺品虽然具有较高的收藏价值，但体积巨大，考虑到高昂的运输成本和旅途不便，一直鲜有人问津。

三、旅游工艺品发展趋势

1. 旅游工艺品设计的文化内涵将会进一步加强

当前，文化要素已经成为提升旅游产品文化价值新的途径。各个地区和民族都具备其独特文化内涵的传统工艺品。这也是文化竞争力的体现。旅游工艺品创新的关键在于设计的创新，也就是说，要在满足产品实用性地基础上，注重提高其审美价值和文化特性，以满足旅游消费者的需求。以人为本，是设计的根本原则之一，而文化内涵作为旅游工艺品设计的本质，也必将得到进一步的完善。

2. 新创意、新材料、新工艺的使用会令旅游工艺品市场大放异彩

斯坦福大学经济学家保罗·罗默就曾经认为：“真正推动 20 世纪 90 年代巨大繁荣的不是充沛的资金投入或高科技创业潮，而是各种喷薄而出的人类的创意。”在他看来，一个新的创意会带来无尽的可能性，衍生出无穷的新产品、新市场，当然也有无尽的创造财富的新机会。所以，新创意才是推动一个国家经济成长的原动力。而对于工艺品的创新，只要有新创意、新理念、新技术，再加上合适的商业模型，必定会推动旅游工艺品产业的发展。例如，江西铜鼓的一个竹制品企业就利用竹材研发制造出独特的竹材的计算机键盘（图 3–3–1）。这款采用新工艺制成的竹键盘和普通的塑料键盘相比，敲击声更小，天然恒温，且能避免静电，最重要的是

报废之后不造成环境污染。其技术和工艺已获得多项国家发明专利，其技术和工艺已获多项国家发明专利，一亮相就受到国内外人们的热捧。在山区盛产的竹材，以往多加工成简单的工艺品，市场价值不高，但一旦有了全新的创意，就能华丽转身。可见，新工艺、新材料对产品的开发有着巨大的推动力。

图 3–3–1 竹键盘

3. 旅游工艺品市场进一步走向融合

旅游工艺品首先是一种商品，任何一种商品在走进市场前都应有明确的市场发展目标。旅游工艺品的市场定位应塑造其在市场上的特色和独立形象。目前很多工艺品都要出自制作工艺比较差的小作坊，缺乏专业的艺术指导，无法准确判断市场需求，而且技术和资金上也有欠缺和不足，这就导致这些小作坊只能生产廉价没有新意的工艺品，也就很难提起旅游者的购买兴趣。现在国内已出现了一批具有影响力和良好口碑的本土化工艺品生产企业。可以预见，这些企业必然会对家庭小作坊式的生产产生巨大的冲击，并不断兼并融合，从而进一步占领国内的旅游工艺品市场，新一轮的行业洗牌不可避免。

4. 旅游工艺品的 DIY 趋势日益明显

当今旅游正经历从传统的“观光游”向现代“体验游”的变革，游客更多关注旅游内在的精神文化。某些景区设计了一些环节，通过游人参观工艺品的某些生产工艺及过程，让游者充分参与其中，制作属于自己的 DIY 作品，在满足成就感的同时，切身感受当地的传统文化和氛围。例如，2010 年上海世博会的印章本就需要游人自己去各个场馆盖章，印上属于自己的足迹，亦具有较高的收藏价值；在参观瓷器的过程中，游客可自行设计和绘图进行制作。另外，还有某景区将一些园林设计成可拆卸拼装的建筑模型，让游客充分发挥自己的想象力，进行自由组合拼装，通过这个过程游人便对园林的结构有了充分地了解，同时也体会到了传统建筑的艺术美。这些工艺品生产活动因使游客能够自我参与，增强了游客的过程感和体验感，从而更加具有趣味。

第四章　旅游工艺品设计的方法与流程

随着社会的进步，人们的生活条件逐渐改善，旅游行业发展到了“白热化”的程度。旅游工艺品是旅游行业的重要组成部分，其设计的方法与流程也需要引起注意。本章主要围绕旅游工艺品设计的方法、流程以及旅游工艺品的创意设计进行具体的阐述。

第一节　旅游工艺品设计方法

旅游工艺品设计方法主要分为设计需要满足的需求、设计的原则、设计的属性以及设计构思四个方面。

一、旅游工艺品设计需要满足的需求

经过长期的研究与分析，我们将旅游工艺品设计需要满足的需求做出了总结，主要归纳为以下五个方面：

（一）满足旅游发展的文化需求

旅游工艺品对民间工艺的传承与传播发挥了巨大的作用，不仅如此，它还在很大程度上推动了世界各民族文化之间的交流。旅游的发展注重发掘旅游客体的文化特质，强调文化旅游。如果没有特色文化，那么就失去了竞争优势。

各具特色的旅游工艺品满足游客对不同文化的诉求，在旅游经营者与游客之间形成一种文化交易的模式。经营者经营旅游工艺品，游客到各个景区享受、消费旅游工艺品。这样一来，各景区也得到了发展，卖的就是文化。很显然，这成为其旅游发展的实质，我们能够看出，旅游工艺品艺术文化品牌的打造能够在很大程度上推动当地文化旅游的发展，这一点值得引起我们的注意。

（二）满足旅游审美的需求

从旅游的本质来讲，旅游是一种审美活动，因此，它与审美有着十分紧密的联系。旅游审美活动的内容是十分丰富的，除此之外还有多种多样的形式。旅游能够让人们大开眼界，了解各地的风景，还能够让人们通过购买旅游工艺品来纪念这一段令人难以忘怀的旅游经历。如今，相当一部分地区为了更好地满足旅游者的需求，将审美欣赏与娱乐活动两者进行融合，充分结合秀丽的自然资源，开发了民族特色表演、民俗活动等旅游项目，这样一来，便在很大程度上提升了旅游审美活动中的文化内涵。

旅游工艺品集材质美、工艺美、功能美、装饰美于一身，是心与物、才与艺、用与美、形与神的和谐统一。对旅游者来讲，他们能够从旅游工艺品中感悟到历史变迁的沧桑与民族融合的宝贵；在驻足观赏旅游工艺品的过程中，体味到手工艺为紧张、繁忙的现代生活中注入的一丝舒缓；从旅游购物中体味到的拥有高水准的旅游工艺品是一种生活的精致。游客在旅游中可以感受到日常生活中缺失的自然之美、人文之美。全国各地景区不同特质的旅游资源给游客们带来不同的审美体验。

（三）满足休闲体验的需求

随着社会的不断进步，经济的不断发展，不同的消费文化与消费理念在各阶层各领域有不同程度的扩散，休闲主义与实用美学逐渐流行起来，与此同时快乐哲学或快活主义也大行其道。显而易见，这些都或多或少地影响着人们的旅游审美。因此，人们的旅游审美更加趋向于以休闲娱乐为中心的体验参与，这就在很大程度上促进了以休闲体验为主的旅游活动的产生。

休闲体验型旅游的开发有其独特之处，主要体现为注重文化娱乐、注重体验这两个方面。我们不难看出，旅游工艺品艺术观赏性、参与性的特点，为游客提供了体验与实践地域文化的可能。举个简单的例子来讲，有一些旅游工艺品加工作坊在向游客高水平展示旅游工艺品艺术的同时，邀请游客参与旅游工艺品的制作，这无疑会带来许多益处，比如可以引发游客共鸣，满足游客们自我表现、自我实现的高层次审美需求等。毋庸置疑，这些体验活动的设置，能够使旅游者的旅游体验变得更加丰富，除此之外，还能够促进文化的交流，这样一来，便能够在很大程度上推动独特地域艺术文化的保护与推广。

（四）满足旅游购物的需求

可以说，旅游者都是能够自由支配时间与金钱的“闲人”。旅游者在旅行途中是以花钱为乐趣的。在如今这个消费的时代，旅游购物无疑成为了旅游者消费的一部分。销售旅游工艺品作为旅游业的一个重要组成部分，旅游购物是否发达，已经成为衡量一个国家或地区旅游业发展是否成熟的重要标志。

（五）满足“搭车”经济发展的需求

“搭车”是指获得某种物品的利益但避开为此支付的人或组织。我们都清楚，旅游工艺品也是一种商品，它包含很多资本，比如工艺、文化、人力等，这些资本均能够产生经济效益。旅游工艺品的生产者们都在尽可能地追求经济效益最大化，很多旅游工艺品的加工制作保留了手工艺生产的文化特色，难以利用节约生产时间来提高利润，只有尽可能地运用各种方式来降低生产成本以获取最大利润。对于旅游工艺品加工生产者来说，原材料的价格与交易的数额是很难做出准确估计的，只有充分利用国家发展带来便利交通以及较为成熟发达的旅游市场，才能最大限度地降低旅游工艺品各个方面的成本，让旅游工艺品艺术搭上“旅游产业”的便车，这样一来，就可以达到利益最大化的目标。

二、旅游工艺品设计的原则

我们都清楚，做任何事情都要遵循一定的原则，当然，设计旅游工艺品也不例外。经过长期的研究与分析，我们将旅游工艺品设计的原则做出了总结，主要归纳为以下六个方面：

（一）参与性原则

体验重视游客的参与，游客体验的感受与参与的程度这两者之间有着十分密切的关系，而且它们之间的关系是正相关的，也就是说，游客参与体验的程度越深，那么他们的感受就越丰富；如果参与体验的程度越浅，那么游客的感受就越淡薄，不能留有深刻的印象，也就无法达到预期的效果。由此，我们能够看出，全身心投入地参与能满足旅游者在参与感上的喜悦，增加旅游者的参与性无疑成为设计师的重要任务之一。

（二）文化与商业结合原则

文化是一个重要的因素，可以说，它是体验型旅游商品的真正内涵，与此同时，这个因素也是该商品的生命。旅游活动既是一种经济活动，也是一种文化活动。因此。设计师在设计旅游工艺品的过程中，一定要将商业与文化进行融合，以文化体验为基础，规划好旅游体验活动的发展方向。

（三）情感化原则

人类是有情感的高级动物。当我们和别人交互时，通过观察别人的面部表情和肢体语言，可以了解他们的内部心理状态和感知他们的情感变化。正是因为我们具备了这种能力，我们用它来感知周围的一切，甚至是对无生命的物体，也是如此。人们喜欢把我们自己的情感、信仰、动机加给动物和无生命的物体，赋予它们人性。对于这些“有情感”的物品，很容易让我们赋予它们人性，使我们的情感做出积极的反应，从而感受良好的情感体验。

（四）个性化原则

如今的旅游市场的竞争十分激烈，这就在很大程度上要求了旅游产品需要具备很强的独特性，因为体验型旅游产品的生命力与其个性化的程度有着十分紧密的联系，要使这种产品能够在最短时间内占领旅游市场，那么必须强调体验型旅游活动的个性化，从而做好专属体验品牌的打造工作。个性化就意味着与众不同，实际上，每个人都希望自己是与众不同的。这样一来，拥有一个具有个性化特点的物品能让拥有者产生一种满足感，这也是人们越来越喜欢和追求个性化产品的根本原因。由此我们能够得出一个结论，即个性消费成为了人们的一个新的消费热点。

（五）差异性原则

差异性是在参与性、个性化原则上提出的更高要求，不仅要做别人没做过的旅游工艺品，还要做得更好、更特别，只有这样，才能保持良好的竞争优势。

（六）娱乐化原则

德国思想家席勒曾经说过这么一句话，在当时引起了很大的反响：“只有当人是完全意义上的人，他才游戏，只有当人游戏时，他才完全是人。”而伴随社会的发展，人们的生活节奏越来越快，压力越来越大，人们长时间地处在紧张的工作状态中。因此，人们希望自己的生活变得丰富、快乐而且轻松，这使得一些以娱乐和游戏为目的的产品越来越受到人们的青睐。

三、旅游工艺品设计的属性

经过长期的分析与总结，我们将旅游工艺品设计的属性做出了总结，主要归纳为以下四个方面：

（一）功能属性

毋庸置疑，功能属性是旅游工艺品设计的属性当中最基本的一个属性。设计师在旅游工艺品的过程中，务必要注重美与功能的统一。很显然，不同功能的器物为纹样、造型的设计提供了多变的形态。设计师在设计造型、纹样的时候，要考虑以下两个方面的内容：

（1）加工工艺是否能够达到预期的效果。

（2）最后成品的使用效果如何。

产品的功能指的是产品与人之间那些能够满足人的某种需要的相互作用。实用、象征、审美等都能够被叫作产品的功能。而我们在这里主要指的是产品的实用功能。实用功能是指设计对象的实际用途或使用价值，比如桌子可以用来摆放物品，书包可以用来装课本，牙刷可以用来刷牙等。

在产品功能性语意的塑造中，功能通过组成产品各部件的结构安排、工作原理、材料选用、技术方法及形态关联等来实现。举个简单的例子来讲，设计师在设计汽车的过程中，一定会以汽车功能为出发点，把注意力放在消费者的需要和现代科技的发展上，要求汽车能够适应更多消费者的需要，不仅如此，还要求该汽车能够适应不同的环境，这样一来，就能在很大程度上推动产品的更新。

从另一个角度来讲，产品功能性语意的塑造还应来源于对原有功能的再认识，经常把头脑中不成型的印象，直接与现实中的事物保持接触，延展出新的功能组合，进而创造出与新功能相符的新形态。只有这样，才能在推动设计的进步。我们都清楚，功能是产品中普遍而共同的因素，它能够发挥出十分积极的作用，也就是说，它能够使设计达到跨国界、跨地域、跨民族、跨文化的认同。因此，我们应该树立功能分析的概念，注重旅游工艺品设计的功能属性，而且还要对旅游工艺品的功能做出改良和创新，从而设计出被人们普遍接受的造型。

功能性对产品提出了一个要求，也就是产品要能让消费者能够在短时间内理解其内涵。随着现代工业的不断发展，设计与工艺制作过程不再像以前那样是一体的，而是完全脱离了，这样一来，就造成了产品形式与功能的脱离，这无疑给使用者们带来了麻烦。大多数使用者们都不太了解这些新产品的操作方法。针对这种情况，设计师要采取一系列的措施，也就是说，必须要借助公认的语意符号向人们传达足够的信息，向人们显示它是怎样实现它的功能，从而让使用者确定自己的操作行为。实际上，语意的塑造就是要求产品设计师找到一种能准确传达情感的语意符号，来表达设计师的思想和产品的操作方式，从而引起消费者在使用方式和情感上的共鸣。

其实，同样的功能可以有不同的组合方式，也就是说，不同的符号能够表达出相同的意义。举个简单例子来讲，家具抽屉的拉出方式分为两种，一种是隐含的，一种是外显的，这两种方式就是不同的符号，它们均能够把抽屉拉出来，也就是它们能够表达出相同的意义。由此，我们不难分析出，示意性语意的塑造要求设计师掌握基本的形态语意特征。只有掌握这些特征，才能使“意”的表达更加准确。除此之外，设计师设计出来的产品应该能够让使用者自然掌握操作方法。

（二）工艺属性

在远古时期，古人就注意到“天时”“地气”对造物活动的影响，认为这些造物活动一定要顺应自然规律，显而易见，这些造物活动能够充分地体现出与自然之间的密切关联，这些在《考工记》中都有记载。我们都清楚，随着技术的不断发展，现代工艺有了十分显著的进步，也就是说，现代工艺早已突破了“天时”“地气”的局限。然而，“材美”“工巧”的造物思想在现代设计中的地位越来越高。

设计是一种根据事先对物品的材料选择，经过制作加工到产品完成并得到使用的全过程而进行的设想行为。如今，很多人给优秀的设计下了一个定义，即能够把传统手工艺、自然材料和现代用途结合得很好的设计。我们或多或少地了解到，在现代设计中，材料的叙事功能是通过材料的形状、形态、肌理及其特性加以传递的。我们举个简单的例子来讲，很显然，不同的物品有不同的特性，当然，木材也不例外，如吸湿性、易腐性、脆弱性等。木材的这些特点能够直接影响木制品的外观、触感。由此我们能够看出，当我们决定对某种材料进行加工之前，不仅要从材料本身的角度考虑其工艺的特性，还必须从使用者和环境的角度考虑到材料与人机界面的特殊关系，考虑其工艺与周围环境的有机联系等问题，选择与器物设计、与材料相适应的工艺，只有做好了这些工作，才能设计出优秀的旅游工艺品。

那么，工艺属性到底指的是什么呢？工艺属性指的是材料工艺的特点、条件、限制、禁忌等。在造物活动中，是指以合理的工艺弥补材料的加工性能、化学性能、机械性能等的局限。举个简单的例子来讲，普通玻璃是有一定缺陷的，如易碎、抗冲击力低等，为了弥补普通玻璃的这些缺陷，将普通退火玻璃加热后快速冷却加工成钢化玻璃，这样一来，普通玻璃就变得“强大”了。

毋庸置疑，设计是一个探寻、革新的过程，需要经过很长的时间。研究设计是求证设计的产生、发展的历史进程，我们今天研究设计的目的不仅仅是了解设计本身，更是为了知道为什么要设计。从以手工制作为基础的传统工艺到以机械生产为基础的现代设计，虽然“天时”“地气”早已不再是制作良器的决定性因素，但“材美”“工巧”的思想理念，在现代设计中依旧发挥着积极的作用。我们都清楚，传统的内容总是以新的形式再次出现，它是不会彻底消失的。由此，我们可以得出这样的一个结论：设计师要充分地结合时代特征，体悟中国传统造物文化的精髓，领悟其与现代设计相通的造物思想特质，从而创造出带有本民族色彩的现代设计文化。

（三）装饰属性

装饰性要求运用夸张、变形的手法，超脱自然的形象，强调造型同元素的特征来适应工艺的制作与服从意境和情调的需要，具体从形象的概括、构图和细节三要素来把握。在这里，需要引起我们注意的是，工艺品的制作一定要强调细节的处理。有一句话说得好：“细节决定成败。”由此，我们可以这样认为：细节处理得好坏能够在一定程度上决定该旅游工艺品质量的优劣。

（四）风格属性

不容置疑的是，旅游工艺品的设计包含着不同的风格，比如民族的风格、时代的风格、作者的风格等，在相同或是相似的历史背景、经济文化、风俗习惯中，设计创作的作品虽有共性，但是与此同时，也应具有各自不同的风格，工艺品的创新设计应该带有制作者不同的风格，并运用鲜明的形式表现出来。

四、旅游工艺品设计的构思

经过长期的研究与分析，我们将旅游工艺品设计的构思做出了总结，主要归纳为以下五个方面：

（一）寻找情感

我们或多或少地了解到，人类具有“同情”和“通感”，对情感的表达，通过“同情”很容易让人们的情感系统做出积极的反应，产生愉悦的情感体验。由此，寻找情感进而开发的旅游工艺品也会使旅游者产生愉悦的情感。很显然，情感化产品指的是具有表达情感状态特征的产品，通过形态、材质、使用方式以及相关的背景故事，吸引消费者，并营造快乐的情感特征。因此，设计师可以从传统工艺品的形态、功能、肌理以及工艺品的背景和相关的故事等出发，寻找能够吸引旅游者的元素，从而创造出具有审美体验的产品。

实际上，大多数旅游者都不太了解旅游工艺品的历史背景、制作流程等相关知识，只是略有耳闻。因此，如果先让旅游者能够体验到这些传统工艺品的深厚的内涵，而对其产生文化和心理上的认同感，那么也就无须你多介绍，旅游者也会自掏腰包，争相购买了。

综上所述，如果在设计旅游工艺品的过程中，设计师能够从旅游者的视觉、触觉、味觉、听觉和嗅觉等进行分析，充分凸显出旅游工艺品的感官特征，为旅游者创造良好的情感体验，那么，很显然，该旅游工艺品会倍受欢迎。

（二）打造个性

纵观全国旅游工艺品市场，我们不难发现，大多数的旅游工艺品的都没有太多地域特色，而且品种较为单一。如何从千篇一律的旅游工艺品中脱颖而出，就需要进行旅游工艺品的个性化开发。如绘画、雕刻、编织、陶艺等表现形式的工艺品开发就可以让旅游者自己参与到制作过程之中，满足其亲身体验、追求个性的要求，同时也提供了从业者近距离了解旅游者对旅游工艺品审美倾向的机会，从而可以有效地指导生产开发，使其产品更符合游客的口味。还有，可以根据旅游者的需要，订制一些当地的旅游工艺品，这样一定会吸引旅游者的目光。

对于如何打造个性，我们总结了一些设计策略，主要归纳为两个方面，具体如下：

1. 多样性

从字面上我们就能够看出，多样性就是给消费者更多的机会，让他们尽可能地选择与搭配。我们都了解，同一种产品厂家也会推出不同的色彩、材质系列和少许的细节差别，供消费者选择。举个简单的例子来讲，如图 4-1-1 所示，该图为威尼斯某小店中的面具，从该图中我们能够观察到，这些面具都是大同小异的，只在细节上有一些差别，很显然，这给消费者提供了广阔的挑选空间。

图 4-1-1　各式各样的威尼斯面具

毋庸置疑，消费者的审美观与个性化需求总是随着时尚潮流的发展而不断改变，这给设计师带来了很多困难，有时很难了解到消费者的个性需求到底是什么。由此我们能够看出，提供尽量多的选择是产品个性化设计的手法之一，所以设计师要稍微改变一些旅游工艺品的细节，这样一来，便能在节约成本的前提下创造出新的风格。

2. 自主化

产品设计故意保留空间，使其留有余地启发游客的自主化，此种设计形式正在逐渐兴起。我们或多或少地了解到，自主化指的是在产品中给消费者预留一定的自主空间，可以让消费者对产品进行再设计，使其完全符合自己的需要。显而易见，这种设计方式能带来很多好处，能够在很大程度上激发出消费者的积极性，让他们参与到设计中来。

我们将自主化设计归纳为以下三个方面：

（1）利用材料、结构的可变性。有些产品在某些部位采用易于改变形态的材料或结构，如采用弹性、韧性、可塑性良好的可以随意弯折的材料，或是采用活动自由度较多的机械结构，等等，使用这些材料能够带来很多好处，可以使消费者参与再造型的过程，使产品实现其特定的功能。

（2）制作半成品。目前一部分厂家为了更好地满足消费者的需要，推出了半成品，需要消费者自己来设计、制作最终效果。但是，值得我们引起注意的是，这种方式要考虑一些问题，也就是说，自主设计的难度不可太大，而且要保证消费者的安全。

（3）模块化组合。如今，模块化设计的应用范围十分广泛。这里的模块化组合是指产品根据结构或功能被分割成了不同的模块区域，并且提供多种相应的替换功能模块。由此，我们能够分析出，消费者可以自行选择模块进行组合，从而满足自己的需求。

（三）呈现幽默

幽默风趣正被广泛应用在旅游工艺品的设计中。幽默风趣的设计手法分为很多种，有的是利用形态达到幽默的效果，卡通、搞怪的产品形态设计。如图 4–1–2 所示，该图为老挝夜市中的“幽默公仔”，是利用形态达到幽默效果的一个很好的例子。有的是利用图案达到幽默的效果。但是，需要强调的是，其中最具效果的是能够讲述故事的幽默设计，这种设计有一种独特的魅力，就像在对消费者诉说某个故事，能够让消费者认为这个产品不是一个普通的物件，而是一个有“生命”的产品。

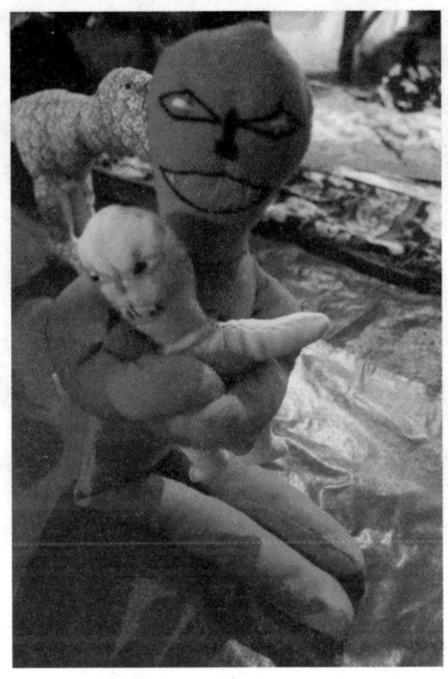

图 4–1–2　老挝夜市中的“幽默公仔”

（四）打造非物质形态

在走向信息化社会的过程中，我们正从一个基于制造和生产物质产品、讲究良好形式与功能的社会过渡到一个基于服务、非物质和多元文化呈现的社会。社会的经济形态也由有形的产品经济开始转向了无形的体验经济。从另一个角度来讲，随着科学技术的不断发展，产品开始出现短小轻薄的发展趋势，产品的物质化程度正在降低。这样一来，很显然，消费者购买的范围就会扩大很多，其中既包含有形的工业产品，也包含了一组按自己的要求实施的非物质形态的活动。我们举个简单的例子来讲，如图 4–1–3 所示，该图为热带雨林主题的咖啡厅，通过观察该图，我们不难发现，该咖啡厅的室内景观非常好，有植物、闪电、雷鸣等，消费者在这里会产生一种回归大自然的愉悦的感觉，他们不仅消费食物，还消费着来自热带雨林的综合体验。因此，我们可以得出一个结论：现代意义的产品是由有形的物质产品及其无形的外延服务共同组成的。

图 4-1-3　热带雨林咖啡厅

综上所述，从有形扩展至无形，从狭义的个性化设计拓展至广义的个性化设计无疑是旅游工艺品设计的一个重要的发展趋势。这样一来，就对设计师和企业提出了更高的要求，也就是要求他们要更加深刻地了解消费者的个性化需求和认知习惯，从而将个性化设计应用至产品、服务等其他有效领域。

（五）实现再循环

在当代文化语境下，旅游工艺品再循环设计呈现出崭新的面貌，设计活动往往采用多种方法且呈现出多种表现形式，其内涵极其丰富。在现实生活中，再循环的物品不一定能够直接体现出再循环理念。举个简单的例子来讲，消费者很难看出一张纸是再生完成的，并且很难从一张再生纸看出再循环的过程以及其中蕴含的理念。设计师在其中则很少有机会进行理念的传达。产品再循环设计的表现形式多样，与其他设计理念的交叉融合使得再循环设计越来越体现强烈的人文特征。

经过长期的分析与研究，我们将再循环设计做出了总结，主要归纳为五个方面，具体如下：

1. 设计再循环

设计再循环指的是偏重于设计本体的再循环。同一个设计在形式不发生变化的基础上针对不同环境和对象，满足不同环境的要求，从而产生不同的设计效果。

其实，我们不难看出，设计再循环能够充分地反映出设计师对传统的突破，除此之外，这也是设计师对消费者的一种鼓励。我们都了解，那些传统的消费者是不会参与设计活动的，只有专业的设计师才有资格进行设计活动，这时的消费者只能被动接受设计师的设计。因此，可以说，设计再循环是思维活跃，具有创新能力，崇尚亲自动手和操作的现代人心理诉求的满足。

如图 4–1–4 所示，马蒂·圭希设计的作品——“胶带相框”就是设计再循环的一个很好的例子。马蒂·圭希作为欧洲最有影响的设计师之一，其近年推出的设计不断给欧洲的消费者带来惊喜。20 世纪 90 年代中期，他发展了一套全新的方法去理解设计作品的文化，很显然，他非传统的见解为好奇的重要性提供了既卓越又简单的演绎。

图 4–1–4　马蒂·圭希设计的胶带相框

“胶带相框”这一经典作品的诞生源于装置艺术理念的发展和成熟，最早要追溯到 20 世纪 10 年代。当时，马赛尔·杜尚（Marcel Duchamp）将一个现成的男用小便池签名之后送入蓬皮杜艺术中心展出，该艺术品使得由现成产品演变而来的装置艺术开始从边缘艺术样式，逐渐进入了艺术界的主流领域。杜尚的《泉》（图 4–1–5）意在质疑人们关于什么是艺术品的传统观念。那时的人们认为艺术不是绘画就是雕塑，这是一个思维定式，因此，只有很小一部分人会认为杜尚的《泉》是一件艺术作品。当时，大多数人都在质疑他，并共同提出了一个问题：“这个小便器真的是艺术作品吗？”在小便器摇身一变成为艺术品的过程当中，名字的变化原来是如此重要。正是这个名字的变化，使得人们审视物体的角度也发生了改变。

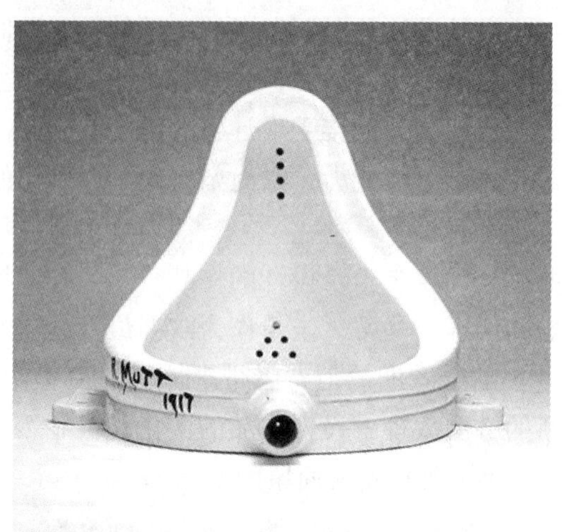

图 4-1-5　马赛尔 · 杜尚设计作品《泉》

由此我们不难看出，杜尚在普通的商店购买的最普通小便器只是签下了作者的签名，然后摇身一变成为艺术作品。这里体现了产品再循环的意义，再循环产品一般具有两个甚至多个生命周期。第一个生命周期也就是再循环过程之前，很显然，第二个生命周期就是再循环过程之后。因此，我们能够分析出，小便器的第一个生命周期就是洁具，这个时候它只有使用功能性。毋庸置疑，它的第二个生命周期就是被杜尚购买之后，它在第一周期具有的使用功能性不复存在了。新的思考点出现了，所有进博物馆参观的游客首先会联想到小便器的第一个生命点，而后会想象由第一个生命历程转化为艺术品的历程。此时再循环也出现了，我们从此叫它艺术品。当然，这里的小便器也是全新的，也不存在对使用过的产品进行回收清理再利用的过程。所以这也提示我们要超越传统的单线再循环思维和观念来看待再循环问题。

马蒂 · 圭希学习了装置艺术的理念，借鉴了杜尚的理论，由此，他曾明确指出一个被广泛认可的观点：每个人都可以创造出真正的艺术品。很显然，这也就是“胶带相框”产生的缘由。每个人都可以把自己喜欢的东西放在画框当中，从而成为一件专属于自己的艺术品。当然，这个胶带有两个主要作用，其一，可以作为张贴海报的固定胶带；其二，可以作为墙面装饰。人们可以进行设计本体的再循环，从而创造出独一无二的艺术品，很显然，这也是该设计的重点，与此同时，也是设计师所要传达的全新理念所在。

2. 意义再循环

意义再循环指的是在产品再循环设计中通过新产品的设计表达再循环的意义。

意义再循环其实并没有任何材质经过再循环设计和活动。工厂生产全新的产品。消费者没有看到田园般的牧场和牛棚，也没有看到仓库里那货物堆积如山的景象。这都只存在于设计师营造的氛围中和消费者依据以往经验而生发的想象中。我们或多或少地了解到，产品再循环设计在生产和销售过程中是按照绿色设计的原则进行的。然而，只有通过再循环理念的引入才能使得最终的产品具有更高层次的精神价值。

想必大家对“山姆·巴隆（Sam Baron）”这个名字并不陌生。山姆·巴隆是目前巴黎著名的设计师之一，也是西方最具有商业号召力的设计师之一。如图 4-1-6 所示为山姆·巴隆创造出来的作品“100% wood”，通过观察该图，我们不难看出，这是一个长凳。从该作品的字面上来看，其材料为全实木。除此之外，我们还可以分析出，设计师在传统家具造型中试图寻找到新的突破，而这种突破也正是符合和满足现代西方消费者关于情感诉求具有故事性和情境感的设计。

图 4-1-6 山姆·巴隆设计的 100% wood

当时，很多人都不知道为什么山姆·巴隆要取这么耐人寻味的题目。我们从功能的角度来看，巴隆在这个长凳中体现出了它的使用性功能，满足了坐的需求。从材料的角度来看，该作品采用木屑作为长凳的坐面包裹材料，内部支架还是采用传统的木质结构。木屑的使用使产品具有再循环的意味。几乎所有的客户在看到这个设计的时候都会感觉到该设计是一个真正的再循环作品。因为设计师大胆地使用了木屑作为凳子装饰的主要材料，材料本身也体现了两个方面的意味。我们将这两个方面的意味做出了总结，具体如下：

（1）作为木屑材料的使用，会很容易让顾客联想到在农场里垫牛棚的草料堆。把农场里经常使用的材料移植到家具上，这种时空的对比，能给城市的居民带来一种全新的感觉，营造出一种农场氛围。

（2）该设计能让消费者体会到一种强烈的再循环意味，客户在购买凳子的时候，能够向周围的社会表达一种态度，所谓这种态度也是欧洲及全世界目前较为推崇的以自然为模板的态度。在人类漫长的历史进程中，对自然的认识逐渐加深，对自然的感情和眷恋使现代人产生一种回归大自然的强烈渴望。毋庸置疑，自然界往复的物质循环也是人类发现并学习的榜样。因此，与自然有关的理念和情感都被认为是正确的和合理的，都得到了全人类的普遍认同。在西方国家，大众对技术进步的痴迷已经不是全社会的主流，技术的高度进步和物质的极大丰富使人们的焦点已经不再停留在对新技术的关注和渴望。极具科技感的造型和新技术的不断涌现和翻新对市场的吸引力也不如以前。当代技术引发的一系列社会和环境问题也导致了西方社会对技术利弊的担忧。把焦点转向对大自然的关怀和借鉴便是很自然的事情了。

图 4-1-7 马丁·马吉拉设计的高级时装

除此之外，我们还应了解到，该设计的出现并不是通过对废旧材料进行加工处理的传统意义的再循环，而是仅仅在于注重再循环的意义所在。该设计所使用的木屑和木框架等材料都是全新的，有着考究的工艺和严格的制作标准以及精巧的设计。它的生产过程并没有通过回收和改造得到任何的生产原料。

大家可能听说过西方的一个著名的公式——“TO DESIGN=TO LIE”，翻译成中文就是“设计=谎言”。其实，设计活动就是一个不断寻找借口的过程。设计师之所以这样做，目的就是给消费者带来一个美好的假象和真实的谎言。需要引起我们注意的是，这里的每一件全新的由工厂制造出来的家具通过设计活动赋予了再循环的意义，而不是真正地通过材料的再循环简单地表达再循环意义。

如图 4-1-7 所示，该图为比利时服装大师马丁·马吉拉（Martin Margiela）设计制作的高级时装，该时装是他在 2009 年设计的，采用的面料为帆布。马吉拉是欧洲的高级时装品牌，一直是西方时装界向前推进的标杆之一，其高昂的价格和高水准的设计也得到了很多上流社会人士的追捧。该设计采用仓库包装货物的包装袋作为原材料生产高档成衣，使顾客不仅仅把设计作品当作穿的衣服，更重要的是让顾客感受和思考此原始材料的来源，与顾客产生信息的交流。在这里，需要引起我们高度重视的是，如此高档的服装品牌却使用非常廉价的材料作为制作服装的原料，这其中也传达了一种现代欧洲社会高消费的理念。这和我国许多企业采用名贵原材料打造奢华感觉的设计初衷有着很大的不同。除此之外，我们还可以看出商业文化是通过现代设计来体现的，作为生活在特定文化圈中的设计师还必须设法努力以各种具体的设计手法来适应不同的商业文化。随着社会与技术的的不断进步，新的功能要求、新材料、新技术与新思维逐渐显现出来，东、西方文化的进一步融合都带来了观念的多变，各阶层的人以及他们不同的爱好和趣味都需要在现代设计中得以表现。

3. 实体再循环

实体再循环偏重再循环过程中实体本身存在价值的延续，也就是说，它是把第一生命周期结束后失去使用功能的产品进行功能的调整和外观的修补、改造，这样一来，便可以使产品在第一个生命周期结束后展开第二个生命周期。

如图 4-1-8 所示，该图为法国 5.5 designers 设计团队一群年轻设计师对破损家具的修复项目，从该图中我们不难看出，其配色所选用的绿色是法国垃圾桶的标准颜色。

图 4-1-8　椅子修复

经过长期的分析与研究，我们将绿色塑料构建具有的功能做出了总结，主要归纳为以下两个方面：

（1）具有修复的功能。也就是说，绿色塑料构建能够使产品重新具有使用功能。

（2）让人们思考，到底什么是损坏的东西？损坏的东西在我们的生活中还有什么意义？也就是说，让人们通过思考来解决和合理安排物品的再循环和利用问题。

毋庸置疑，这不仅让本来废弃的家具得到了重新利用，与此同时，人们又得到了一件独一无二的设计，这种破损和修复形成强烈的视觉吸引力能够引发人们联想，很显然，修复能够让物体获得重生，同时经济上也是最值得推崇的。这有点像当代中国的老街古镇修复，老街的修缮和古镇的规划几乎不可能回到原始的老街状态，而只能在尽可能保持原有状态的基础上，使老街的生命力和底蕴得到重生和发扬。通过满足现代人的消费习惯和欣赏习惯，从而吸引游客的光顾，通过旅游促进老街古镇旅游的良性循环，也只有这样才能继续维系老街的人文生态稳步发展。

图 4-1-9 所示为荷兰 DroogDesign 设计团体设计的牛奶瓶吊灯，该作品是公认的产品再循环设计的经典范例。该设计包含了许多设计师的思想，可以说该设计是面对大众的，是向大众展示再循环设计的方法和思维方式，

图 4-1-9 牛奶瓶吊灯

它教会了大众如何在身边发现设计和再循环的灵感来源，如何遵循一个比较合理的环保理念。可以说是引导和鼓励大众的再循环消费和认知而不是研究和满足大众一般消费需求。DroogDesign 所体现的 Droog 精神带来了人文风格的回归。12 支牛奶瓶组合而成的让人过目不忘的吊灯，连材料都是现成的牛奶瓶，而 12 支的数量来自荷兰惯用的牛奶运送模式，这也是 DroogDesign 的重要设计思想之一。以 Droog 为名的这支荷兰设计全力军拥有着为数众多的天才想法，他们充分地利用各种早已存在的家具、产品元素，对大众常识提出挑战，生产出各种看似简单却又妙极的居家产品。

那么，很多人都会提出一个疑问，Droog 到底是什么意思呢？其实，Droog 在荷兰语中是“干”的意思。在 Droog 设计团体眼中，用“干”来形容他们的设计是一种最高的礼遇，就是说他们的设计简单、清晰、没有虚饰，其设计的重点永远是创意、简单直接地表达出清晰且新颖的概念，以及作品的实用性。Droog 在设计领域中开创了一种新的设计方式，也使荷兰再循环设计在国际设计界有了自己的坐标。“干”设计强调设计为实用，而不是为了“玩造型”迷失自我，很显然，这些都是相当实用的荷兰哲学。

4. 体验再循环

提到“体验”这个词，想必我们并不陌生。可以说，体验是个体对生命价值及其意义的富有情感的把握。然而，体验与经验之间存在很大的差异，它是主体对种种同类事件经验的抽象总结，由此，我们可以看出，它是自觉层次上的、强烈的心理活动。

体验再循环偏重个体或者群体主观理念的表达。我们或多或少地了解到，任何设计都包含体验的因素，因此，我们对体验再循环的认识也不能绝对化。毋庸置疑，体验再循环揭示了再循环设计的重要内容，成为进行

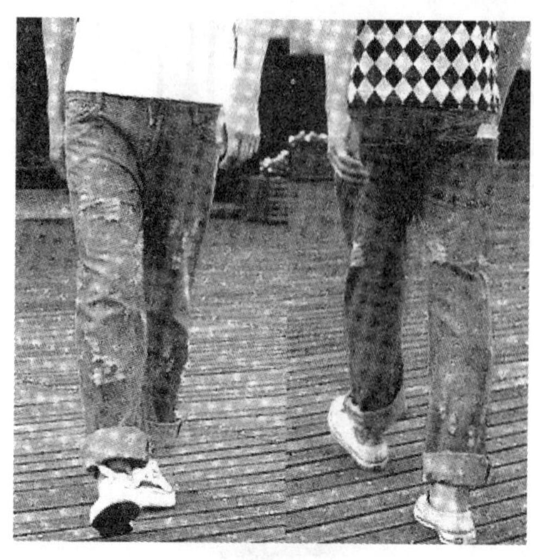

图 4-1-10　具有做旧效果和破洞的牛仔裤

再循环设计的重要方法。

图 4-1-10 所示为具有做旧效果和破洞的牛仔裤，这种牛仔裤很受年轻人的欢迎。当然，这种牛仔裤也采用的是全新的材料。这体现了全新的产品再循环理念，即每个人都有自己独特的再循环体验，都追求体验的再循环。然而，做旧效果和破洞隐含了背后的某种故事和经历。我们都能体会到，带有破洞和磨损效果的衣物往往反映了使用者所经历的某种特殊环境。举个简单的例子来讲，一个人如果总是穿浅颜色的衣服，那么这能够体现出这个人生活或工作的环境不会很污浊，而且他不会经常从事体力活动。因此，服装的质感往往体现某种具体的环境和经历，也代表了服装往往具有和隐喻过去的经历，从而讲述人生的故事。这也是穿着牛仔服装的人所追求的内在心理诉求。目前，追求具有时间纵向和故事横向的服装成为当下年轻人的思潮。通过牛仔裤，年轻人可以向周围社会传达个人的精神和情感意义。

实际上，牛仔服饰的流行经历了一个漫长的过程，分为好几个阶段。从刚开始时为了劳动需要而制作的类似工装的结实厚重款式，到后来的以穿着舒适塑造形体为本的贴身轻巧款式，再往后则因对时尚的追求而出现了手磨猫须、钉珠绣花等各种特殊工艺的二次处理。很显然，经过这些年的发展，破烂牛仔裤一直未从流行舞台上褪色。当然，走在时尚尖端的明星们也对这种不羁的风潮宠爱有加，也将牛仔裤割几个破洞作为时尚人士的标志。

其实，最初发明破洞牛仔裤的人的根本目的不是引领时尚。割破牛仔服的风尚是由美国人发明的，由于前面提到的破旧衣物所体现穿衣者生活状态的符号学价值，设计师借此表达个人及所属阶层对主流文化的抵制和突破。在经济领域里，减少一个人的商品购买力，减少商品消费被视为抵制高消费社会，反抗消费社会顽疾的一种姿态。显然，牛仔服的面料与其他面料相比较而言，是十分结实的，因此，人们可能在很多年后才会把它穿破，从而再买新的一条，而现在则把破了的牛仔裤堂而皇之地穿出来展示于公众，由此，我们不难分析出，这能够充分体现出对高消费社会的鄙视和挑衅。

穿破洞牛仔裤在文化领域里的意义更加明显。我们都清楚，真正的穷人是不会借助时装来告诉其他人自己是很穷的，因此，破洞牛仔裤还是有钱人显示自己叛逆精神的符号。穷人当然时刻希望自己的穿着更加干净和笔挺，有钱人却把自己打扮得感觉落魄和邋遢，时装对人类社会心理的反射被淋漓尽致地展现了出来。破洞牛仔裤与看起来又脏又旧的牛仔裤一起，在当今欧美上流社会也非常流行。上流明星和富豪身上的一条表面上看起来几个月没洗、布满污垢与破洞的牛仔裤，都是由著名设计师设计的，这些牛仔裤的价格非常贵。在精美绝伦的高级定制已不为豪门所独有的今天，西方社会的有钱人为了显示出自己的与众不同，干脆以街头流浪汉的形象示人。用几万元的高价买一条破裤子，这无疑可以用“挥金如土”来形容。不过，如今许多年轻人爱上破洞牛仔裤和这些文化背景已经没有多大关系。那些潮人，对破牛仔的喜爱纯粹从摩登的视觉效果出发，或许顶多带一点年轻人的本能叛逆，所以他们可以把破牛仔穿得格外轻松，格外体现性格。

5. 使用再循环

使用再循环偏重再循环过程中使用功能的传递，是产品再循环设计的传统外延之一。显然，使用再循环不是最新的理念，但它能够很好地阐释再循环的理念。使用再循环是设计师在设计活动中通过预先设想或消费者自发创意，在产品第一个生命周期结束后非设计师参与的再循环活动。在使用再循环的过程中，物品没有发生任何形体和性质的改变，而是发生了使用功能的流转。

我们举个简单的例子来讲。如图 4-1-11 所示，该图为三宅一生（Issey Miyake）设计的依云矿泉水瓶。通过观察该设计，我们不难体会到它为人们带来的朝气。消费者喝完该瓶中的水后，他们不会一下子把它丢进垃圾桶，而是会非常愿意把瓶子保留下来当作花瓶和橱柜摆件。我们从该图中还可以看出，这个矿泉水瓶的瓶壁印有鲜花图案，这能够让消费者感受到瓶

图 4-1-11 三宅一生设计的依云矿泉水瓶

子里的矿泉水是非常健康的。除此之外，这个鲜花图案是不会改变的，不会枯萎，把它当作一个摆件十分合适。

其实，大多数消费者喜欢购买依云产品的原因有很多，我们将之总结为两个方面：一是健康的矿泉水，二是具有美学价值的瓶子。

由此我们能够看出，虽然消费者购买的是一件商品，但是心理上是表达两种需求。矿泉水瓶子在功能上也存在两个生命周期：第一，在未饮用之前作为矿泉水的功能性包装，这时它发挥的作用就是盛水；第二，作为商业产品的包装展示，起到了与其他产品进行对比差异化并赢得消费者购买的品牌作用。

这可以用商业文化影响消费的有价问题来解释。具有相同或相近的物质使用价值的商品，因采用不同的商业文化方式，它的销路、售价、流通的情况就大不相同。商业文化内涵高的商品，商品价值往往会超过商品的使用价值。因此，追求商业环境的美以及商品的造型美、色彩美、商标信誉美，成为提高商品价值的必要途径。我们都清楚，如果一个商品注入较多的商业文化，那么该商品的价格就会比一般商品高很多。商业文化内涵高的商品包含着更多的附加值，它的售价自然要高于一般的商品。因为消费者所求得的商品不仅在使用上得到满足，更大的程度上是在精神上得到享受。在饮用之后，没有多少人会把这么美观的瓶子丢进垃圾桶，如此该瓶子的装饰功能就完全地发挥出来。这也是其第二个生命周期，再循环过程的开始。

如图 4-1-12 所示，该图为 Fuseproject 公司设计的 Y Water 瓶子，该产品也是使用在循环的一个典型的例子。Y Water 是一种低卡路里饮料，而且是专门为儿童设计的。考虑到肥胖对孩子的危害，YWater 公司总裁为他的孩子寻找低热量饮料时没有找到任何合适的产品，就产生一种自己创造一种适合孩子饮用的低热量饮料的念头，他找到维斯·贝哈创办的 Fuseproject 设计公司，维斯·贝哈在设计界以擅长围绕品牌进行开发，从烘托品牌形象的角度去设计而著名，被称为“Brand Man”。经过维斯·贝哈的创意便设计出了经典的 Y Water 饮料。通过设计来创造品牌核心的信息，Y Water 分为四大类，即 Bone Water、Brain Water、Immune Water、Muscle Water，直接传达了所包含的产品功能信息，因为当家长对孩子讲述钙元素有利于人体骨骼生长时，孩子未必能理解并接受这个信息，而这个产品从开始设计以至最后的市场营销，始终围绕着这个品牌所要传递的信息。YWater 的 Y 型瓶子带来一个鲜明生动的形象，而且当喝完饮料后这个瓶子就成为一个玩具，有一个 Y 结将这些瓶子连接起来，从而通过把这些瓶子变成玩具或积木来延长瓶子的使用寿命。所以很多瓶子的组合就成为 LEGO 一样的玩具。制造这样的瓶子很难用普通的 PET 注塑法来实现，因此，Y Water 产品的制造运用了吹塑工艺，其使用材料也有所不同，即使用了 Eastman 的 Eastar copolyesters（共聚酯）。很多介绍 Y Water 产品的文章会将其归类为绿色设计，因为废弃的瓶子成为一个全新的智力玩具，但是，通过对其本质的分析，我们不难看出，它应该被归为产品再循环设计。

图 4–1–12 Y Water

图 4–1–13 所示为芬兰设计师阿尔瓦·阿尔托（Alvar Aalto）设计的胶合板凳子，该凳子是由芬兰 Artek 公司批量生产的。从该图中我们不难观察到，这种款式的凳子现今十分流行，几乎每家每户都有。或许大多数消费者不清楚这种款式的凳子的设计师是哪位，但是总是觉得它们不是被特意设计出来的，仿佛它们是“凭空”产生的，认为它们就应该长成这样。

这些陈旧的 Artek 凳子不是展览用的样品，而是商品，以 2nd Cycle（再循环）的品牌推出，由汤姆·迪克森（Tom Dixon）领导。我们可能对汤姆·迪克森这个名字比较陌生，他也是可持续设计倡导者之一。这些陈旧的 Artek 凳子有的收集自工厂，有的从船厂或者跳蚤市场收集而来，它们被从各地收集起来并且被重新销售。这些经历了各种使用环境，具有不同层色的凳子仿佛身上写满了不同的故事。不管它们从什么地方收集而来或者被卖到什么

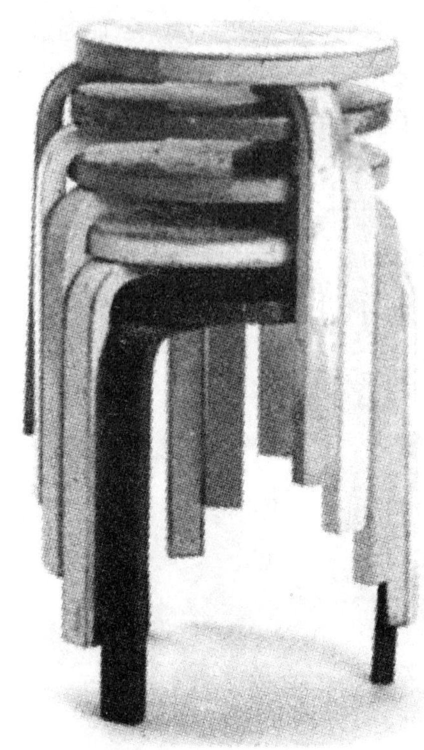

图 4-1-13　阿尔瓦·阿尔托设计的胶合板 Artek 凳子

地方，它们身上的故事永远存在，经得起时间的考验。每件商品上面都有一个条码标签，使用者可以通过手机扫描登录互联网读取每件产品背后所独有的故事和历史。使用者也可以在网上更新和记录在使用产品的时候所发生的故事。这里可以看出人们其实不是购买二手凳子的使用价值，而是购买其背后所蕴含的情感价值，这种价值会随着使用者的参与继续增值。阿尔瓦·阿尔托曾经说过这样一句话，引起了十分强烈的反响："没有东西能够重生，但是它也不会全然消逝，曾经存在，它将不断地重现在人们面前。"

（六）运用系列化

系列化的提出是因为人们物质文化生活的不断提高，情感需求多样化、个性化的不断发展。那么，系列化设计指的是要求产品设计围绕某一主题或风格形式前提下进行多款式、成系列的设计。不容置疑的是，主题元素就是系列产品的核心。系列化要解决很多问题，其中最为主要的问题就是统一元素和特色元素在产品中的构架组合。

目前我国市场上的旅游工艺品多种多样，不同商家同一类型的产品更是数量众多。由此我们能够看出，仅仅依靠单一的商品是无法在激烈的竞争中脱颖而出的，要想在市场上吸引更多消费者的目光，那么产品必须运用系列化。图 4-1-14 所示为台湾著名的"好神公仔"系列，可以说，这套旅游工艺品就是系列化的一个很好的例子。

图 4–1–14　台湾“好神公仔”系列

1. 形态系列化

形态系列化指的是产品在外形形式上具有某种形式元素的相似性、连贯性和延续性。

2. 材质系列化

材质系列化指的是产品以相同的材质、质感、纹理为系列化的核心，这样一来，最后制造出来的整体产品能够具有很多优点，比如连贯性、统一性等。

3. 装饰图案系列化

从字面上我们就能够看出，装饰图案系列化指的是以产品表面的装饰图案或文字为系列化的核心。不容置疑的是，最后制造出来的整体产品能够具有连贯性、统一性等特点。

4. 色彩系列化

色彩系列化体现在很多方面，我们将其表现手法归纳为以下两点：

（1）同种形态的色彩变化，诉求的是产品色彩的多样性。更多的色彩能够为消费者提供更多的选择，还能够在很大程度上增强视觉冲击力，这样一来，便能够符合人类情感和审美的多样化特征，在现实运用中取得了很好的效果。

（2）真正以色彩为系列化核心，通过色彩的基调来统一。色彩的基调也可以叫作色彩的主色调，在系列化产品中可以从已确定的色彩体系中选择一种或两种颜色作为主导用色，其他色作为点缀用色。由于使用的是同一色彩体系，因此我们能够看出，系列化产品之间的基调有着十分紧密的联系。

第二节 旅游工艺品设计流程

从我国的普遍情况来看，旅游工艺品的设计仍然是旅游业中一个薄弱的环节。我们不难看出，旅游工艺品的设计水平跟不上旅游业发展的需要，因此，加快提高旅游工艺品设计，增强旅游工艺品的研发力度，已成为当今设计师的重要任务之一。

经过长期的研究与分析，我们将旅游工艺品设计的具体流程做出了总结，主要归纳为四个阶段，具体如下：

一、第一阶段——调研

（一）市场保有量调研

我们或许对市场保有量这个概念感到陌生。市场保有量也叫市场占有率，即某商品在某一特定市场范围内的销售数量与在该地区该类商品销售总量之间的比例。虽然目前国内旅游市场上的工艺品种类和数量繁多，但其中也有较多的抄袭模仿，导致很多雷同的工艺品出现。在设计旅游工艺品时，首先要对该类型的旅游工艺品市场的保有量及市场普遍设计形态进行调研。

（二）历史文化调研

毋庸置疑，明确所设计的工艺品的地域范围，深入实地了解该地域的历史文化特征，是每个设计师从事旅游工艺品设计的第一要务。设计师可以先通过诸如网络搜寻、图书检索等一系列的非直接手段来了解该地的一些人文信息，如历史文化、民俗风情等。由此，我们不难看出，做好这一项工作能够为实地调研打下良好的基础。例如，汉族的龙文化、藏族的佛教文化、羌族的挑花刺绣文化等，以及各自的习俗、宗教信仰等，很显然，这些都形成了该地域的历史文化，不仅如此，这些还在很大程度上促进了不同民族工艺的形成。

（三）实地调研

完成了历史文化调研，那么接下来的内容就是设计师要亲自去该地区，进行实地调研。设计师在实地调研的过程中，会收集很多相关的素材资料，要注意各地区的文化差异性。素材资料的收集有一个重要的原则，那就是从大处着眼小处入手，系统地进行收集。举个简单的例子来讲，江南服饰的风格可以用“淡雅”来形容，它的色彩以同类色、近似色的排比关系来协调统一；而北方民族的服饰与其相比就存在十分明显的差异，其风格强烈、厚重，色彩的对比非常鲜明。由此我们能够看出，设计师的调研要有针对性，这样就能找到一些旅游工艺品设计的创意了。

二、第二阶段——定位与构思

通过深入的调研，我们发现了很多问题：如今，我国的旅游工艺品设计缺乏创意，不同景点的工艺品可以用“千篇一律”来形容，毋庸置疑，这些旅游工艺品不能充分地体现出当地的文化特色。这样一来，游客们对它们就不太感兴趣了，从而就不想购买它们，也失去了珍藏回忆的价值。我们都清楚，旅游工艺品本身蕴涵着一定的人文意义。对旅游者来说，旅游工艺品既有纪念价值也有文化的收藏价值。所以，设计师一定要设计出能够反映当地文化特色的旅游工艺品，这样才能保证其品质，增强游客购买的欲望。

（一）定位

一件成功的作品设计有了很好的定位构思，就等于成功了一半。如果在设计时不能把握旅游地鲜明的个性文化特征及地域性，就会陷入旅游工艺品千篇一律、相互抄袭模仿的境地。旅游工艺品的设计定位能够直接影响设计创意、构思以及制作生产与销售的方向，如果方向出现了错误，那么后来做的所有事情就没有丝毫意义了。

（二）构思

在旅游工艺品设计构思阶段我们应注意三个方面，具体如下：

（1）民族地域特色与景点特色相结合。这样该旅游工艺品就能够成为本民族文化的符号和旅游景点特色的象征。

（2）旅游工艺品的开发设计要注意以下两方面的内容：

①要考虑物质资源特色。也就是说，设计师要尽可能地利用山、水、树、竹等物质资源。

②要考虑文化资源特色。比如当地的历史典故、名胜遗迹、民间风俗等。

（3）旅游工艺品应成为记录一次旅游完整体验的物质承担者，而尽量浓缩当地特殊的材料及工艺是不错的选择。

三、第三阶段——准备

（一）素材收集

对旅游地的建筑、服饰、首饰、生活用品等进行调研，应尽可能大量收集文字、实物及影像等资料作为设计素材的来源。如壮族服饰（图 4–2–1）与苗族服饰（图 4–2–2）的不同、苏绣（图 4–2–3）和羌绣（图 4–2–4）的不同等。

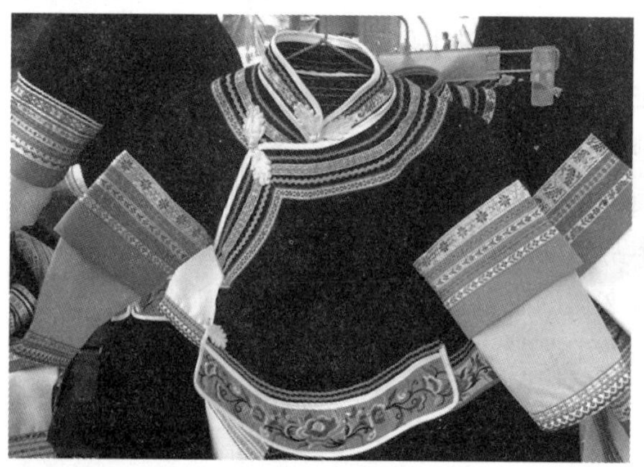

图 4–2–1　壮族服饰

图 4–2–2　苗族服饰

图 4–2–3　苏绣

图 4–2–4　羌绣

（二）选择色调

各地区民族喜欢的色调大有不同，例如，东北的服饰色彩强烈浓重，多用大红大绿组合、大花搭配（图 4–2–5），苗族女性则喜欢用银色头饰（图 4–2–6）。

图 4–2–5　东北大花布

图 4–2–6　苗族银色头饰

四、第四阶段——表现

旅游工艺品设计表现主要是通过手绘（图 4–2–7）或计算机技术来实现，而这二者都需要具备一定的绘画基础和美学规律，依据情况还需要考虑一定的施工技术和方法，具备施工的条件。

由此我们可以看出，设计师们平常一定要加强各方面的基础训练，而且还应该积极了解并掌握旅游工艺品制作的先进设备和技术，从而提升制作的技术性含量。除此之外，学习一些工艺美术史、设计史、旅游文化等理论知识也非常有助于对工艺品设计的理解。当然，更加重要的是了解传统、深入民间，在民间艺术中学习各种表现的方法，在了解传统的工艺技法和材料过程中，密切关注当代科学技术的发展，依靠新的科技成果，取得新的工作原理，这样一来，才能够摸索出适应于现代化生产的设计方法。举个简单的例子来讲，如图 4–2–8 所示，该图为 3D 打印技术，该技术能够适应旅游业市场不断变化的要求和大众的审美取向。

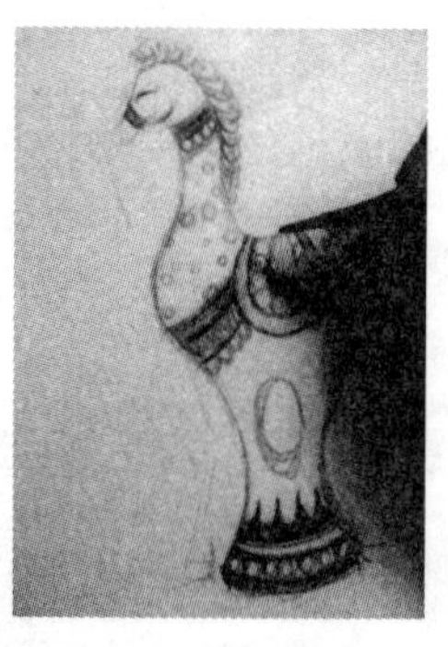

图 4-2-7　手绘

图 4-2-8　3D 打印技术

五、第五阶段——制作步骤与规范

旅游工艺品的制作与规范，国内目前还没有统一的标准。但是旅游工艺品设计要更加科学的可持续发展，就必须在设计制作规范中加强自律。这对于旅游工艺品的良性发展具有重要意义。

经过长期的分析与研究，我们将旅游工艺品的制作步骤做出了总结，共分为以下四个步骤：

（一）制作步骤

（1）创意草图设计。草图是旅游工艺品设计师表达和交流设计思路的一种最常用手段。其实，我们不难看出，草图既是一个设计师最应该具备的基本能力，也是设计灵感的记录手段。将前面已确定的方案变为可视的、可操作的图形。在一般情况下，设计师会对同一命题做出多个设计方案，然后从这些方案中选择一个最佳的方案。

（2）材料选择。设计师在选择材料的过程中，一定要根据创意方案就地选择最具代表性的材质。

（3）工艺品制作。根据工艺品的特点，采取多种制作手段，可以请民间手工艺人制作加工，也可以自己动手制作或是工厂加工。

（4）包装设计（图 4-2-9）。所有的产品都需要被包装。包装设计要遵循一定的原则，要充分展示该产品，形式与内容要具体鲜明，而且要强调该产品的重点与特色。除此之外，设计师应尽可能地采用绿色包装，保护生态环境，贯彻可持续发展的方针。

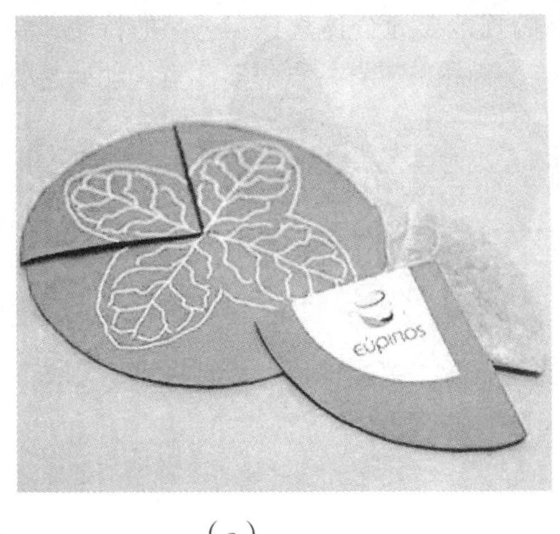

（a）

（b）

图 4-2-9　创意包装设计

（二）制作规范

（1）材质规范。可以说，生态环保就是旅游工艺品的制作材料选择的基本要求。除此之外，设计师还要考虑材料的地域代表性，使之成为传达设计意图最好的载体。

（2）尺寸规范。制作时应考虑工艺品尺寸是否方便携带。我们举个简单的例子来讲，如图 4-2-10 所示，该图为某旅游地商品店中的埃菲尔铁塔的挂件及摆件，很显然，这些旅游工艺品的尺寸从左向右依次增大，从 5 厘米到 60 厘米不等。不容置疑的是，游客在旅游时不喜欢携带太大的东西，会觉得这样很不方便，因此，设计师要尽量避免设计尺寸过大的旅游工艺品。

图 4-2-10　埃菲尔铁塔挂件及摆件

（3）形制规范。在一般情况下，旅游工艺品都是批量生产的，在制作的过程中，一定要考虑到批量生产的可操作性。

（4）包装规范。旅游工艺品的规范要充分体现该工艺品的特质，要根据工艺品的材质选择硬装或软装。另外，还有一点需要注意，那就是要使用环保生态的包装材料。

第三节　旅游工艺品的创意设计

经过长期的研究与分析，我们将旅游工艺品的创意设计做出了总结，主要归纳为四个方面，具体如下：

一、模仿与变形

模仿与变形主要来自对自然形态和人工形态的选择和再造。模仿在人类社会发展中发挥了不可替代的重要作用，相当一部分创造性理论都是建立在模仿的基础上的。

从根本上讲，模仿是一种自然过程，是人类与生俱来的一种生存能力。现代设计中的模仿变形是模仿理论的发展、演化，现代模仿理论不再是指向再现性的艺术形式，而是一种表现性的模仿。它由被动地模仿变为主动，由客观地记录变成主观的创造（如图 4–3–1 ~ 图 4–3–2）。

（a）　　（b）

图 4–3–1　模仿自然界动物制作的风筝

图 4-3-2　人物和动物被变形抽象化成符号的蜡染

二、联想与想象

（一）联想

提到“联想”这个词，想必我们并不陌生。联想指的是由一事物的存在而想到另一事物的思考过程。经过长期的分析与研究，我们将联想分为以下三大类：

1. 类似联想

类似联想是指联想之间的事物在某一方面有类同，因而在想到其中一个时能够对另一个产生联想。我们举个简单的例子来讲，从鸳鸯鸟能想到爱情，这样设计师就可以制作代表爱情的工艺品销售给特定的人群（图 4-3-3）。

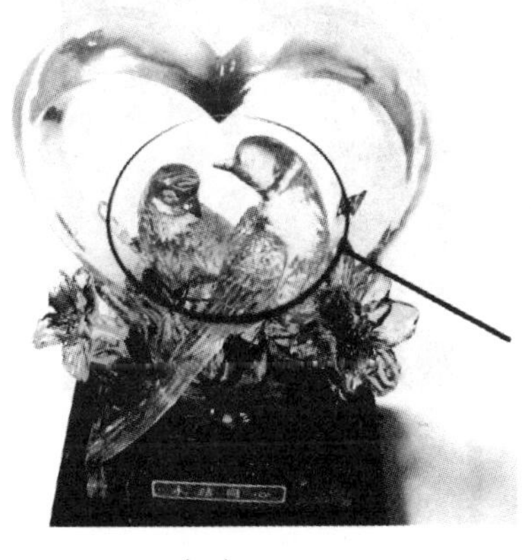

（a）

（b）

图 4-3-3　鸳鸯造型

2. 接近联想

接近联想指的是联想之间的事物在时间及空间上非常接近，看到其中一个就能马上想到另外一个。我们举个简单的例子来讲，从民族女孩就能想到可以制作民族娃娃等工艺品（图 4–3–4）。

图 4–3–4　民族娃娃

3. 对比联想

顾名思义，对比联想指的是联想之间的事物完全相反。对比联想往往能产生突破性造型效果。我们举个简单的例子来讲，从鸵鸟蛋雕刻工艺品（图 4–3–5）能够联想到鸡蛋壳微雕工艺品（图 4–3–6）。

图 4–3–5　鸵鸟蛋雕

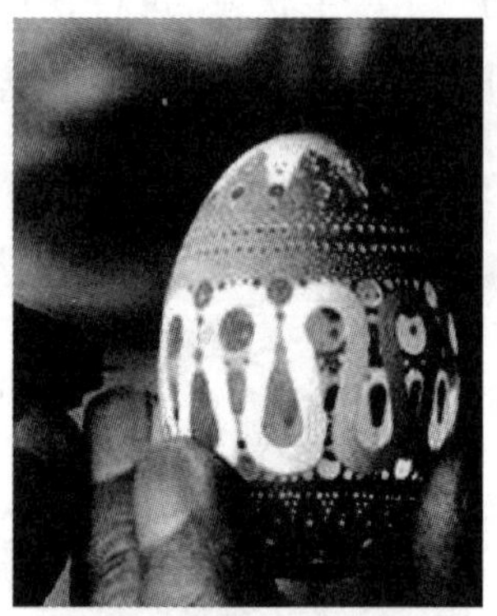

图 4–3–6　鸡蛋壳微雕

（二）想象

想象就是人脑对已有的事物表象进行加工改造，从而创造出新形象的心理过程。人的心理活动，无论是简单的感知还是复杂的思维，都离不开想象。想象分为以下两大类：

1. 再造性想象

实际上，再造性想象这种心理过程在艺术欣赏和创作中是普遍存在的。我们举个简单的例子来讲，在剪纸艺术中，手工艺人通过歌谣、俗语、人物形象、劳作场景等描绘出画面，我们都清楚，这样的描绘并非“照葫芦画瓢”，而是通过想象取其神而借其形，剪出惟妙惟肖的画面，从而达到预期的艺术效果（图 4–3–7）。

图 4–3–7　以四大美女为主题的剪纸

2. 创造性想象

创造性想象与再造性想象有一些共同之处，也就是说，它们都是对原有表象进行加工改造，重新构造组合的效果。然而，它们之间的不同之处为创造程度的不同。我们举个简单的例子来讲，同样是生肖剪纸，传统剪纸（图 4–3–8）与创意剪纸（图 4–3–9）中的创作程度是不一样的。想象力能使人的审美能力插上翅膀，在想象和联想中对审美对象进行再创造，从而也丰富了审美对象的内涵。

图 4–3–8　传统剪纸

图 4-3-9 创意剪纸

三、移植与交叉

对多种素材进行深入的分析，把握它们的个性特点，然后从这些特点中概括出事物的规律。设计师要把多种不同的设计元素进行整合，通过提炼、整理、选择、交叉等步骤，将事物固有的形态与形式复合成新的形象（图 4-3-10、图 4-3-11）。

图 4-3-10 驴形酒瓶塞

图 4-3-11 鹿形烛台

四、共生图形

共生图形的创意可以用在平面产品或者包装上，十分具有新意，能够在很大程度上吸引人们的目光。共生图形主要分为两大类：

（1）轮廓共生图形。这种图形的主要特点是以简练的轮廓线勾画出多种形象，风趣地表现主题。

（2）正负共生图形。正负共生图形分为两种形式——正形式与负形式。其中，正形式指的是画面中被认为是图的部分；与之相对的是负形式，它指的是图之外的背景部分。正负共生图形指的是在一个图形中有正和负两个形象（图 4–3–12）。

图 4–3–12 正负共生图形

第五章　蕴含地方民俗文化的旅游工艺品设计

我国的地方民俗文化是旅游工艺品发展的坚实基础。如果想要使旅游工艺品发展得更好，那么就要在传承中发展，并且在此基础上进行大胆的创新。本章主要围绕扬州、西溪地区、云南、贵州、湖北、山西以及陕西的特色旅游工艺品设计展开论述。

第一节　江苏扬州特色旅游工艺品设计

扬州自古便是东南繁华胜地，竹西佳处，淮左名都。经济的繁盛催生出手工艺的辉煌，古时的扬州可谓是手艺人的天堂，大到亭台楼阁，小到锅碗瓢盆，可以说扬州的繁盛离不开这些民间手工艺者。

一、漆器

扬州漆器最早是在战国时期出现的，20 世纪 60 年代中期，在扬州西湖乡战国墓葬中出土的漆器圆盘就是一个很好的证明。该圆盘以木制卷坯作内胎，髹朱红漆，盘上彩绘云水飞禽的图纹，色彩艳丽清晰。毋庸置疑，这能够充分地体现出高超的工艺水平。

秦汉时期，无论是食具还是用具，无论是文房还是兵器，即便是棺、椁、面罩等丧葬用品，都可以看见扬州漆器的身影，其工艺也逐渐衍生出了彩绘、针刻、贴金、金银嵌等，其中的彩绘和镶嵌漆器制作工艺有很高的水平。如图 5-1-1 所示为西汉彩绘云气瑞兽纹三足漆樽，是漆器彩绘工艺高超的一个很好的印证。

隋唐时期，扬州漆器工艺格外的精致，金属镶嵌产品日益增多。我们都知道，那时的经济十分繁荣，使得能工巧匠云集，彩绘、雕漆、夹纻脱胎和金银平脱等漆器制作愈益精细。因此，漆器被列为扬州的贡品之一（图 5–1–2）。

图 5–1–1　西汉彩绘云气瑞兽纹三足漆樽

图 5–1–2　唐代铜镜

明清时期是扬州漆器工艺的鼎盛时期，这与扬州的富裕相关。在清代，扬州的经济和文化都达到了空前繁华。除了彩绘和雕漆外，平磨螺钿、骨石镶嵌、百宝镶嵌等新工艺也得到了一定程度的发展（图 5–1–3、图 5–1–4）。

图 5–1–3　清代雕漆开光人物葵式盖盒

图 5–1–4　清代雕漆瓶

康乾盛世的光华如白驹过隙，而扬州的繁荣也伴随着颓败的清王朝走向没落。然而，昔日的繁华却留给晚清扬州一种浓重的怀旧情感，对于这样一座古城来说，或许没有什么能比把玩砚盒、擦拭匣藏更能排遣琼花凋谢时的悲情。很显然，这是扬州漆器在晚清依旧能够兴盛的主要原因，即便到了20世纪初，传统的漆器工艺依然能够走出国门，出现在巴拿马世博会的展台上。

近代扬州的漆器在继承优秀传统技法的同时推陈出新，取得了不少新的成果。扬州漆器现有的装饰工艺分为很多种，主要可以归纳为十大类，即雕漆、雕漆嵌玉、点螺、平磨螺钿、骨石镶嵌（图5–1–5）、刻漆、彩绘、雕填、磨漆画、木雕漆砂砚（图5–1–6）。另外，还需要提及的是，产品也包括很多种，比如各种屏风、地屏、桌椅、文房用品以及各类礼品、漆艺装饰壁画等。

图5–1–5　骨石镶嵌家具

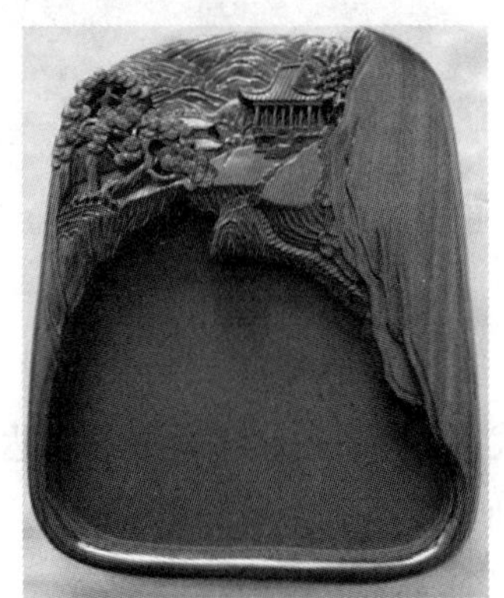

图5–1–6　楠木漆砂砚台

二、玉雕

中华民族早在新石器时代晚期就有了玉制工具，到商周时期，制玉就成了一种专业、玉器成了礼仪用具和装饰佩件。而有着悠久历史的扬州，琢玉工艺源远流长，尤其自明清以来，成为中国三大玉雕重地之一。通过查阅相关的历史资料，我们能够发现，扬州汉代墓葬出土了很多玉器，造型十分优美，而且这些玉器采用的手法为透雕、阴线刻和浅浮雕。

唐代的扬州玉器工艺又达到新高峰，在那时，很多贵族都用玉件装饰楼阁，似乎成了一种“潮流”。唐肃宗上元二年，相传安宜县一尼姑将扬州制作的十三枚玉宝献给肃宗皇帝，次年代总即位，以此为吉祥之兆，遂将年号改为“宝应”，安宜县也因此改为宝应县。由此我们不难看出，唐代民间以玉器为佩、饰品亦渐开风气。除此之外，扬州玉器和琢玉技艺也陆续对外交流，许多来自波斯、大食的商人，在扬州开设店铺，专营玛瑙、珠宝交易，给扬州的琢玉工艺增辟了材料来源，对扬州的玉器生产起到了促进作用。

宋、元时期玉雕工艺已有了质的飞跃，当时的宫廷中设有“玉院”，采用浅磨深琢、浮雕圆刻。宋代扬州玉器已向陈设品发展，而且产生了很多新的品种，比如花鸟、炉瓶等，很显然，那时的玉雕工艺有了很大程度上的提高。

明清时期是扬州玉器发展的巅峰时期，当时的宫廷设有玉器造办处督办玉料，宫廷中御用玉器的数量和种类都非常多。清代民间玉雕工艺主要集中在北京、扬州、苏州、杭州等地，并且有明确的分工，其中扬州主要雕刻大件玉器。扬州玉匠善于把玉雕艺术和书画艺术结合起来，借用绘画中的透视效果，镂雕多层花纹，呈现出极为生动的画面。到了清代乾隆年间，扬州玉雕进入全盛时期，工艺水平又有了提高，这样一来，扬州便成了全国玉材主要集散地和玉器生产制作中心（图 5–1–7）。

图 5–1–7　清代双耳浅刻玉杯

扬州玉雕所用玉石质地坚硬缜密，手工雕琢技术可以说是非常复杂。扬州玉雕使用的玉料有很多，主要包括新疆的白玉、青玉、碧玉，辽宁的岫玉、玛瑙，江苏的水晶，湖北的松耳石，日本的珊瑚等。

由此我们不难看出，扬州玉雕创造性地将阴线刻、深浅浮雕、镂空雕等多种技法融于一体，以其独有的艺术魅力著称于世。今天的扬州玉雕构图新颖，造型优美，做工精细，充分显示了扬州玉雕艺人精湛的技艺。

三、竹刻

扬州的竹刻艺术可追溯到西汉早期。图 5–1–8 所示为扬州杨庙镇刘毋智西汉墓出土的竹刻《山水古柏图》，该竹刻是目前国内发现的最早、最好的由扬州人雕刻的艺术品实物，现在扬州博物馆内展出。

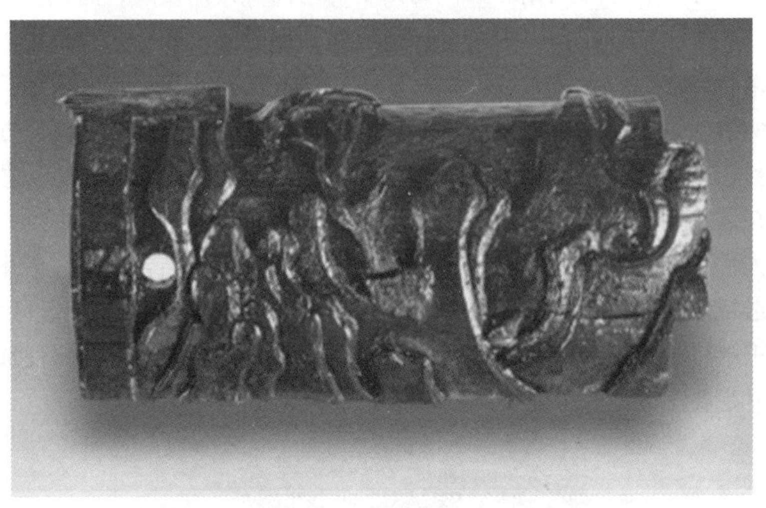

图 5–1–8　竹刻《山水古柏图》残饰件

扬州现存的竹刻作品以明清时期居多，明以前的竹雕作品以日常生活用品、用具为主，其中也包括一些祭祀品。明、清两代时，竹雕制品逐渐发展为兼实用性和艺术性的工艺品，其中还有一些为纯艺术性的陈设品。明代器物构图简净、饱满，技法上以深浮雕和透雕为主，整体浑厚古朴。品种以笔筒、香筒及人物陈设品为主。清前期承明代遗风，风格仍以简洁浑厚为主，但表现技法更为多样，往往浅刻、留青、圆雕等同时施行；品种也变得更加丰富了，臂搁、山水、人物等被大量制造出来，制作秀雅有致。清后期雕工较粗，制品较为浅陋、单一。器物种类多为扇骨、臂搁等，也包括群仙祝寿、三阳开泰等大件题材。

鸦片战争的爆发导致了竹雕艺术的衰落。这一时期的竹雕作品，主要采用的是阴刻、浅浮雕的手法，因此，雕刻出来的艺术品显得较为单一。雕刻者中虽也有能书善画者，但大部分人只能假借他人之画稿再行雕刻，很显然，那时的竹刻作品缺乏创意与艺术感染力。这样一来，具有文人气质的竹雕艺术，又回到了匠人的作品。

扬州早期的竹刻以皮雕为主，且受濮仲谦的影响甚深，属于写意类的作品。濮仲谦的作品重视所刻之竹本身的造型，略事刮磨，或勾勒数刀，即成妙品，重神似和天然之趣。扬州距南京甚近，流风所及，扬州初期的皮雕即属于这种写意类的作品。清代中期，皮雕渐趋精细。至咸丰以后，扬州著名书法家、画家吴让之以刀代笔，参与竹刻艺术，创造了新刀具、新刻法，开创了扬州竹刻特定的浅刻技艺。

竹刻和其他雕刻一样，也有平面、立体之分。立体以雕刻竹根为主，为嘉定一派所擅。而扬州承继金陵一派，以平面雕、刻为主，雕有皮雕、根雕，刻有浅刻、深刻之分。刻竹时用笔抑扬顿挫，徐急快慢，意随刀至，一刻而就，深浅浓淡，虚实主次，别有一番笔墨意趣。扬州竹刻的题材广泛，选料考究，构思奇巧，工艺精湛（图 5–1–9、图 5–1–10）。

图 5–1–9　清代板桥体竹根

图 5–1–10　竹根雕《人物船》

扬州竹刻的材料以毛竹为主，因其体积大，质地坚，为许多竹刻家所喜爱。其他品种的竹材也几乎都可使用，高档竹材有斑竹、棕竹、湘妃竹、梅箓竹、桃丝竹，芝麻竹、佛肚竹等。扬州竹刻技艺以刻刀为主要工具，既包括一般意义上的各种凹刃刀、宽刃铲刀、卷凿、推刀、削刀等，还有锯、锉、凿、斧、棕刷帚、砂纸等辅助工具。刻刀原无定形，以合手为佳，大多由艺人自制。

四、刺绣

我国的刺绣主要有苏绣、湘绣、粤绣、蜀绣，世称“四大名绣”。而扬州刺绣以精工细作著称，是苏绣的一个重要分支（图 5–1–11）。

图 5-1-11　扬州刺绣

扬州刺绣最早是在秦汉时期出现的，距今已有两千多年的历史。刺绣于汉代开始展露出艺术之美。汉代的经济较为繁荣，丝织业尤为发达；又当社会富豪崛起，形成新消费阶层，刺绣供需兴起，不仅已成民间常用的服饰，手工刺绣制作也迈向专业化。因此，汉代开始在无形中区分使用刺绣的人群等级和种类。刺绣虽然是由劳动人民创作产生，但是大多数劳动人民是享用不起高档丝织刺绣品的。迄今见到的扬州最早的刺绣实物出土于 1980 年扬州西北高邮天山的西汉广陵王刘胥夫人墓中。从出土实物看，这些绣品采用辫子股针法，运针、用线颇为细致，其基本技法现在仍在沿用。

唐代刺绣应用很广，针法也有新的发展。唐代刺绣一般用作服饰用品的装饰，做工精巧，华美明亮。此外唐代的刺绣还用于绣作佛经和佛像，为宗教服务。唐代刺绣的针法，除了运用战国以来传统的辫绣外，还采用了平绣、纭裥绣等多种针法。由此我们不难看出，唐代刺绣具有浓厚的装饰效果。

由于宋代刺绣被当时朝廷奖励提倡故格外发达。徽宗年间又设绣画专科，使绣画分为很多类，包括山水、楼阁、人物、花鸟等，因此，那时产生了很多著名的绣工，使绘画发展至最高境界。为使作品达到书面之传神意境，绣前需先有计划，绣时需度其形势。可见，此时是扬州刺绣的一个重要转折，即从唐代的绣佛像等转向绣书画，从实用性向观赏性发展。

元代绣品传世极少，元人绣品仍承继宋代遗风，用绒稍粗，落针不密，其刺绣的水平没有宋绣那么高超。

明代是中国手工艺极度发达的时代，承继宋代优良基础的刺绣，使刺绣业继续向前发展。明代刺绣业，由于朝廷官府的倡导而得到进一步发展。朝廷的官服五色缤纷、描龙绣凤，在很大程度上促进了扬州的刺绣工艺。明代扬州刺绣以色彩鲜明、题材丰富、做工精细、品种繁多而著名，与苏州刺绣、上海露香园顾绣在国内呈三足鼎立之势，交相辉映。

清代，宫廷对扬州刺绣更为注视，指定为贡品。乾隆年间，通过两淮盐政每年向扬州征收绣品。这一时期的扬州刺绣用途广泛、品种繁多，有服饰类的衣裙、旗袍、鞋面等，有室内绣品，如门帘、被面、枕套等。那时的扬州戏曲业非常繁荣，而且佛教也十分兴盛，因此，各种戏剧所用戏衣道具和佛事用具均以刺绣装饰，这在很大程度上推动了扬州刺绣业的发展。由此我们能够看出，刺绣已渗透到社会生活的方方面面，遍及大江南北。

清末民初，西学东渐，由于印花丝绸布匹大量问世，许多刺绣衣衫被取代，人们的审美观念发生了较大的变化，刺绣业逐步衰退。扬州刺绣以写意绣见长。绣师们多采用古代名画为底本，以针代笔，以线代墨，将画理与绣理融于一体，灵活运用各种针法技巧。所绣作品无不表现出俊逸的笔墨神韵，格调高雅，意境深远，深受人们喜爱，具有较高的艺术价值、审美价值和收藏价值。

第二节　西溪地区特色旅游工艺品设计

西溪，泛指今杭州市西湖区和余杭区的一个局部范围。西溪的旅游工艺品是西溪文化的组成部分，也是西溪人民在漫长的生产和生活实践中创造发展起来的物质资源和精神财富。下面，我们主要围绕以下四个方面进行论述。

一、雕刻

（一）良渚玉器

玉器，自新石器时代以来，已绵延了八千多年的历史，它是融物质文化、精神文化、科技文化于一体的民间工艺品。新石器时代晚期良渚文化遗址出土的玉器，已是斑杂构造的阳起石系列软玉器。

（a）（b）

图 5-2-1 良渚玉琮

良渚文化遗址出土的玉器，主要使用了透闪石、阳起石系列的软玉。其出土数量之多、品种之丰富、雕琢之精美，达到了史前玉器的高峰。据相关史料记载，玉琮是良渚文化大墓出土的玉器中体积最大的一种，它的外形为内圆外方的柱形体，象征着天圆地方的思想。因此，有的学者认为琮是把天地贯穿起来的一种法器，十分神圣（图 5-2-1）。

良渚玉器纹样主题有三种：神人兽面纹、鸟立台纹、龙首纹。从出土玉器资料看，新石器时代早中期，人们是玉、石不分的；到了新石器时代晚期，人们才懂得从色泽、质地和硬度等来区分玉、石。良渚文化玉器，以透闪石、阳起石系列软玉作为主要原料，也有少量的蛇纹石、叶蜡石、萤石、绿松石、玛瑙等。

现代良渚玉器的琢制工艺大致可分为选料、解料、造型、钻孔、研磨、琢纹、抛光等工序。玉器纹样的雕琢主要有三种方法，即浅浮雕、透雕以及阴线刻纹。浅浮雕是用解玉砂减地研磨以突出纹样；透雕是用程钻或管钻先钻出图样框架结构，再作进一步加工；阴线刻纹所用的工具主要有硬质刻刀和钻石。

（二）核雕

桃篮是核雕的一个载体，被人们赞誉为“鬼工神技”。核雕艺术早在明初就达到很高的水平，被人们视为珍宝，常和玉器串联一起作为佩戴的饰品（图 5-2-2）。

（a）　　　　　　　　　　（b）

图 5-2-2　核雕

桃篮雕制工艺十分讲究，要有微雕之功。其雕刻工序主要为以下三个步骤：

（1）取材。每年立秋后上山采摘野生桃树所结桃子，然后去除桃肉，取出桃核，用清水洗净备用。

（2）制坯。将洗干净的桃核磨去棱角成圆柱体。再制坯，锯出篮的把手，挖去核中桃仁。

（3）雕刻。按成型要求，通过磨、锉、雕的技法，将桃核刻成篮形，再刻出篮上边缘及篮底，不断修整、打磨，使其造型逼真，光滑圆润，这样，该工艺品就完成了。

二、工艺绘画

经过长期的研究与分析，我们将西溪地区民间工艺绘画分为了以下两大类：

（一）仿景泰蓝掐丝漆画

漆画（图 5-2-3）是以漆为基本物质材料，用中国传统髹饰工艺技法绘制的画种。良渚文化的漆器是我国新石器时代髹漆工艺发展到顶峰时的代表。

镶嵌漆画是在镶嵌漆器基础上发展和形成的画种，是漆艺刻、堆、雕、绘、磨技法与镶嵌工艺相结合的产物（图 5-2-4）。西溪仿景泰蓝掐丝漆画是杭州市民间工艺师郑发楚在继承传统镶嵌漆艺的基础上，仿照景泰蓝掐丝工艺绘制的漆画品种。景泰蓝，又称“铜胎掐丝珐琅”，是我国著名的传统工艺品。据传，明景泰年间开始广泛流行，景泰蓝工艺的特征是采用铜胎、掐丝、点蓝、高温烧结而成的。仿景泰蓝掐丝漆画采用了景泰蓝的掐丝工艺，改点蓝烧结为漆画工艺，而画面的效果又有景泰蓝釉彩特征。

仿景泰蓝掐丝漆画的题材非常广泛，适合表现人物、静物、风景、装饰图案等，有类似线描工笔重彩画的风格，具有艺术、观赏和实用三重价值。

图 5-2-3　漆画《硕果》

图 5-2-4　良渚反山出土的嵌玉漆杯

仿景泰蓝掐丝漆画的绘制技法和程序分为以下五个步骤。

（1）画稿设计。创作或选择彩色画稿。

（2）制作画板。根据画幅大小，选择优质复合板（最薄五夹板）制作画板；并用腻子做好底子，将木纤维毛孔填平，以防吸漆。

（3）镶嵌铜丝。将线描稿复印在画板上，用自制胶水将铜丝或铝丝按线描稿粘贴于相应位置（铜丝直径视画幅大小而定），然后再喷涂一层底漆。绘制画面用天然漆或合成彩色漆，按设计彩稿绘制画面图案，或做出肌理效果，待油漆干后喷涂透明漆覆盖。

（4）打磨铜丝。水砂打磨，突显铜丝效果。

（5）喷涂面漆。在经水砂打磨的画面上喷涂透明面漆，这样做的目的主要是保护画面。

绘制漆画的工具，根据画幅大小和画作风格，可选用各号水粉画笔、毛笔或底纹笔，大型壁画也可将彩色漆用空压机和喷枪喷涂。如使用合成聚酯漆作彩绘漆料，其色彩可用色精调和使用，用多少调多少，以防漆料硬化报废。

（二）沥粉工艺

沥粉，又称挤粉和捏粉，是我国古老的一种传统装饰工艺。“沥”是指连续不断的点滴，“粉”是指用粉料调制成黏稠的糊状。沥粉时必须用手握沥粉工具，用力将粉料挤落在物体表面上，使其形成有规律的点滴、块面或线条。这种技艺手法行话称之为“沥粉”。沥粉工艺的特点：线条有立体感，经贴金箔、银箔，刷色、上漆后显得有一定的厚度和硬度，具有富贵华丽的视觉效果（图 5–2–5、图 5–2–6）。

图 5–2–5　沥粉首饰盒

图 5–2–6　沥粉道具

沥粉工艺源于我国古代建筑漆艺，到盛唐时期已广泛采用，如甘肃敦煌莫高窟 223 窟的菩提树干、人物服饰都运用了沥粉贴金工艺。元代山西永乐宫和明代北京法海寺的壁画，其沥粉工艺已经十分精湛。清代的古建筑也继承了沥粉工艺，并开始普及民间，应用于民居的彩绘装饰。

沥粉工艺的应用范围非常广泛，比如：庙宇神像、传统壁画、建筑装饰、家具漆艺、戏装道具、仿古器皿及花雕酒坛等。有时，沥粉装饰会与堆塑彩绘、贴金工艺融为一体，深受人们喜爱。

沥粉画是以凸出线条为作画的媒介，绘色时要以线为界，或形成色块、或形成肌理，从而构成装饰图案，以凸显其艺术效果。沥粉画还可以镶嵌金银箔和其他特殊装饰物，如螺钿、沙石、水晶、玻璃、珍珠等，以使画面更具有装饰性和艺术性的效果。

沥粉画的绘制工序分为以下七个步骤。

（1）制画板。根据画幅大小，取复合板或原木板一块，表面刨平，打磨清洁，背面衬好木条骨架。

（2）做底子。在预制好的画板上，涂刷乳白胶，再覆盖一层白色纯棉粗布，拉挺绷直，再用腻子（白胶加水、老粉调和）油漆用刮板刮平整，自然干燥后待用。

（3）打草稿。先选好题材，设计好图案，再绘出轮廓线条，并复制到画板上。

（4）调沥粉。用熬煮好的骨胶溶液（或乳白胶）与立德粉调制成浆糊状。

（5）沥线条。将调制好的粉料装入沥粉袋，安装好沥粉嘴，根据画面要求，沥好轮廓的点、线、面。

（6）绘画面。用丙烯、油画颜料，按样稿绘制彩色画面。

（7）描金线。用金银箔或金银粉，敷贴（或描绘）在沥粉点滴、线条、块面上，这样，该工艺品就完成了。

三、女红刺绣

西溪地区的女红刺绣工艺可以分为以下两大类：

（一）香袋刺绣

香袋，又称香囊、锦囊、香包、荷包等，是中国具有民族特色的一种工艺品。中国荷包究竟产生于什么时候，难以断定。据相关史料记载，春秋时期就已经出现了香袋（图 5-2-7 ~ 图 5-2-9）。

图 5-2-7　鱼形香袋

图 5-2-8　开口荷包

图 5-2-9　虎头香袋

西溪流行的香袋结构和刺绣纹样多姿多彩、五花八门。香袋的结构主要分为以下三个部分。

（1）肩口。肩口有开口和封口之分，可以装东西的是开口的，香袋口经重叠沿边可穿丝绳，抽紧丝绳袋口封闭。

（2）囊面。囊面有正反面，在一般情况下，正面刺绣纹样，背面刺绣文字，图案和文字内容因用途而定。我们举几个例子来讲，如果该香袋是作为定情信物的，那么其正面的图案可以为“鸳鸯戏水”“并蒂莲花”“永结同心”等；如果该香囊是要送给朋友的，那么其正面图案可以为牡丹、双鱼，文字“连年有鱼”“岁岁平安”等；如果该香袋是要送给老人的，那么其正面图案可以为仙桃、蝙蝠等，文字有“健康长寿”“福寿双全”等；如果该香袋是要送给小孩子的，那么其正面图案可以为五毒、老虎头或十二生肖，文字有“健康成长”“活泼快乐”等。

（3）饰物。饰物一般用中国结和丝线穗，还可以串联珍珠、玉石、玻璃球等，这样一来，其观赏性就会有很大幅度地提升。

制作香袋必备的材料主要有药物、面料及针线。据杭州市某中医院实验观察，佩戴盛有相关药物的香袋，有预防感冒的辅助作用，所用药材有苍术、石菖蒲、山柰、冰片、丁香等；缝制香袋的面料有绸缎边角料、各种色布和绒布，刺绣图案可用彩色丝线和十字线，装饰物有彩珠、丝穗、中国结等；制作香袋工序分设计款式、裁剪面料、复制图案、刺绣纹样、缝制收边、挂件装饰等。

（二）绒绣

绒绣起源于欧洲，19 世纪初传入我国，并与我国的传统刺绣相结合，形成了具有中国特色的工艺美术品，列入我国非物质文化遗产的保护项目。绒绣是用绒线在特制的网眼布上绣制的一种刺绣工艺。目前，西溪地区正在推广和流行的绒绣，是西溪地区的手工艺人吸收了上海绒绣技法和艺术风格而发展起来的，是具有西溪特色的绒绣品种（图 5–2–10）。

绒绣需要的主要材料和工具如下：

（1）网眼布。网眼布是一种由黄麻、纯棉纤维特制纺成的形似网眼的格子布，每格由经纬线各 2 根组成，格子间留有呈正方形的小孔，其规格需视绣品篇幅大小和工艺要求酌情配制（图 5–2–11）。

图 5-2-10　绒绣

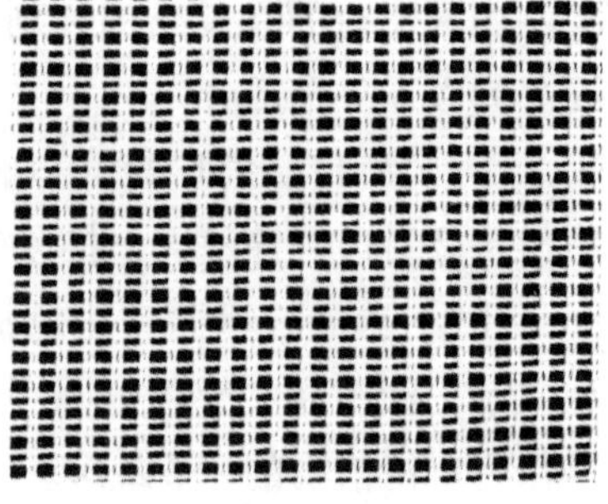

图 5-2-11　网眼布

（2）彩帷绒。彩帷绒是一种用羊毛专为绒绣染织的绒线，线径比编织衣服的粗绒线略细，比细绒线略粗。用彩帷绒绣制的作品具有绒毛感、立体感和色彩柔和的优点。

（3）锈针。各种规格的圆头、大尾的绒线针。

（4）绷架。式样类似刺绣绷架，绣制大幅作品时用。

（5）辅助工具。剪刀、尺、铅笔等。

适用绒绣工艺的制品，可分为实用型和观赏型两大类。实用型绒绣包括拎包、靠垫、抱枕、眼镜套、钱包等；观赏型绒绣主要指绒绣装饰画，其题材可仿油画、仿国画，可取材于人物、静物、花卉、卡通、几何等图案，也可以选择彩色风景和人物照片。

绒绣的绣制方法分为以下五个步骤。

（1）选好图稿，确定绣品的规格尺寸。

（2）根据画稿设计彩色坐标图，计算出所需绒线的数量和色卡代号，即将彩色图稿分解成若干彩色网点，标出色卡代号。这道工序可以手工绘制，也可以利用计算机软件辅助设计。技术熟练的绣工，可以不用坐标图直接参考图纸绣制。

（3）配绒线按网格图的色卡代号，准备足量的各种彩帷绒线。

（4）选网眼布、定网格。选定网眼布规格，取大于画幅尺寸的网眼布，按图稿坐标图按比例在网眼布上每 10×10 目画一方格，以便定位绣制。

（5）在一般情况下，先绣主体再绣背景，先绣中心再绣四周，先绣左侧再绣右侧，先绣上部再绣下部，先绣近景再绣远景，先绣深色再绣浅色，循序渐进，逐步完成。整幅作品绣好后，需做必要的修改和调整，最后将绣品拆下绷架，铺上湿布用熨斗整烫，以保持网格布的平整和网格的垂直，然后固定在木框上，并配制画框，这样，该工艺品就完成了。

第三节　云南特色旅游工艺品设计

一、木雕

提到“木雕”想必我们并不陌生。不容置疑的是，木雕是雕刻艺术的一种表现形式，它指的是以锋利的工具刻凿装饰木质物件的技艺，可以说，它是传统工艺的重要门类。实际上，木雕艺术分为很多种类，包括家具木雕、建筑木雕、观赏陈设木雕等。

云南盛产优质的木材，这无疑是一种优势，因此，云南民间的木雕技艺独树一帜。木雕工艺在云南各少数民族日常生活中普遍存续着，民俗文化、区域文化、地区经济的差异，也使木雕工艺呈现出丰富多彩的特色。其中尤以“木雕之乡”剑川的木雕为最。

剑川木雕品种应用的范围较为广泛，主要为：建筑装饰、室内装饰、家具、独立的装饰艺术品等。剑川木雕还多与大理石相配，更具地域及民族特点。

剑川木雕的造型内容主要为花卉、动物，人物造型相对较少。花卉造型较为写实，但木雕在构思及布局设计上都显示了较高的审美情趣和文化价值。花卉造型也有含蓄抽象的，而且多与动物联系在一起，布局疏密得当，显示出匠心独具的表现力（图 5-3-1）。

（a）

（b）

图 5-3-1　剑川木雕

剑川木雕有许多雕刻表现手法，主要包括以下四种。

（1）高浮雕：雕刻部分较为突出的浮雕。

（2）低浮雕：略微突出的浮雕。

（3）镂空雕：浮雕的四周被镂空，使雕像如剪纸般显出清晰的影像效果的浮雕。

（4）透通雕：雕像的构图层次多，一层一层雕进去，除了最后的背景，前面部分与底面没有关系的浮雕。这是剑川木雕较为突出的特点，各种雕刻技法融合使用，表现出玲珑剔透、颇具魅力的艺术效果。

剑川木雕所使用的各种工具均有其自身的特点及特殊的作用，而根据雕刻步骤不同，工具大致又可分为木工工具和雕刻工具两大类。木工工具分为大锯、小锯、钢丝锯、斧子、刨子、墨斗、木锉。雕刻工具包括敲锤和雕刀。

剑川木雕的工艺流程可分为以下七个步骤。

（1）选料。木质松软重量较轻的木头相对易于雕刻，反之则雕刻难度较大。传统的剑川木雕主要选用木质坚韧、纹理细密、色泽光亮的硬木，如：青皮木、红木、花栗木等，这都是雕刻的上等材料，适合雕刻结构复杂的、造型细密的作品，有很高的收藏价值。

（2）配料。传统的剑川木雕除面积较大的木雕制品外，一般会选用整块的木材进行雕刻。现今，由于高大的天然木材难求，往往根据具体的造型要求并视木质的软、硬情况，把木料分解成不同的薄形材质，再用胶粘合，形成多种木材的复合板。

（3）勾稿。有丰富经验且雕刻技艺较高的剑川木雕艺人有的无须勾稿，直接进行雕刻。而一般的师傅通常要画创意稿，再用墨线勾画放大到木材上。内容涉及花鸟虫鱼、琴棋书画、民间传说、山水、人物等（图 5–3–2）。

（4）雕刻。大致可分粗雕和细雕两种。传统的剑川木雕为纯手工制作，制作周期较为漫长。受工业化影响，当代的剑川木雕艺人也能用机器粗雕木块，后用手工进行精雕细刻。雕刻的手法又有凹雕、浮雕、镂刻等多种技艺（图 5–3–3）。

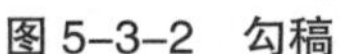
图 5-3-2 勾稿

图 5-3-3 雕刻

（5）打磨。雕好的木头有许多棱角、刀触，略显粗糙，往往要进行打磨。传统的方式多用锉子、砂石进行手工打磨，现在一些木雕艺人也使用砂轮或砂纸对雕刻好的部件进行打磨。打磨的方向有讲究，要顺着木的纤维方向打磨，直至理想效果。

（6）组装。把不同的部件用榫头或胶组装起来，从而成为所需要的产品形状。与其他木雕有所不同的是，剑川木雕不使用钉子，这也能够显示出该工艺的高超之处。

（7）上漆。雕刻完成之后就要上漆。一般情况下，透明漆分为两种，分别为：聚酯漆与土漆。在这里，需要我们注意的是，由于这两种漆在成分及干燥时间上有所不同，因此，加工工序也有所区别。上漆后，该工艺品就完成了。

二、陶器

制陶的主要材料为黏土，对于红土高原的云南，黏土俯拾皆是，早在4000 年前，云南大理宾川白羊村的居民就已经知道如何烧制出较好的土陶器。如今，古老的制陶技术依然在云南民间民族生活的角落中默默存续着，精湛的紫陶、黑陶制陶技艺依旧陪伴着云南人的市井人生。

云南西双版纳傣族有着悠久的制陶历史，在当地出土的新石器时代遗址文物中，数量最多的是陶片及陶器。傣族自古喜爱用陶，陶在傣语中称为“板磨”，俗称“土锅”。与其他民族不同的是，傣族制陶是由妇女世代相承的。现今版纳地区的制陶工艺还有原始制陶史上各个历史时期的特征（图 5-3-4）。

图 5-3-4 西双版纳陶器

西双版纳的制陶工艺流程共分为以下八个步骤。

（1）舂土与筛土。舂土时先将干燥的陶土放入专用的石臼中，用木制的脚碓舂碎。舂土时往往需要两人配合，一人用脚舂，另一人不断把泥土放入臼中。一边舂。一边用一只手拌臼中的泥土。舂好后把泥拿到筛子中，筛选细泥土备用，筛子中留下的颗粒状泥土再次放入臼中舂打。如此反复，直至泥土达到所需用量时进行下一步。

（2）泥土拌沙。为改变陶土的耐热急变性能，需在舂好的泥土中加沙。在预先准备的布上，将舂好的泥土和沙以 2 ：1 或 9 ：1 的比例混合，然后用手把泥沙拌匀。把混合好的泥沙再筛一次，取其细的备用。

（3）掺水和泥。把筛好的泥沙堆成凹状，用勺把清水倒入泥凹槽中，约半满就用手和泥，使泥完全拌匀，并且水分适度。用手糅和成具有可塑性的湿泥状方可使用。

（4）安装转盘。在地上栽一棵圆形木桩为轴，上套一个带有竹管的木轮，能使轮盘转动自如。

（5）制坯。面对转盘而坐，取湿泥揉捻，把湿泥条放到转盘上，用自制的木板拍成饼状，作为器物底部；然后，把湿泥土搓成条状，用右足拇趾轻轻按逆时针方向慢慢拨动陶轮，同时，湿泥条一圈一圈地捺于器底上，使其黏合牢固，再用一条条的泥土往上筑，逐渐垒高，直至成型；用竹片将其口削平，并用湿布抹泥坯的口沿和内壁，使口沿圆而光滑，内壁无空隙，成型后置于木板上。

（6）打坯。器皿成型后置于木板上，晾上几个小时，使坯稍干，然后重新放倒转盘上，再采用卵石衬里，木拍拍外的方法反复拍打，使陶泥紧密粘连。再用有斜纹的木拍拍打坯体，边拍边用脚趾转动转盘，带动泥坯转动，花纹便拍印到坯上了。粗糙的地方再用快刃竹片修整。这样便塑成了一个完美的陶坯。

（7）干燥。把坯置于院中阴晾 3 ~ 4 天，使坯保持干燥。

（8）烧陶。待陶坯晾干后，便可烧陶。在空地上，先铺上稻草，再撒些碎木块，把陶坯尽可能整齐地放于其上，再撒些碎木块，把柴放在坯的上面，最后覆以稻草，大约铺至两尺左右厚便可点火烧陶，在稻草快烧尽时，再加上稻草，反复数次。最后在上面加上灶灰，使火捂起，内部保持较高的温度。约一昼夜后，即可取出陶器，这样，该工艺品就完成了。

三、地毯

地毯指的是用棉、毛、丝、麻、草等天然纤维或化学合成纤维类材料，经手工或机械工艺进行编结、栽绒或纺织而成的地面覆盖物。地毯是我国著名的传统工艺品之一。

云南最著名的地毯非版纳地毯莫属。云南版纳地毯属纯手工编织工艺品，由于图案纹样取材于西双版纳的傣族、景颇族等少数民族民间纹样，体现出独特的民族风格，故以此命名。

版纳地毯因优质的羊毛原料呈现出细腻动人的质感，非常舒适、高雅，并且耐用、易于清理。版纳地毯的另一特点就是图案及色形的搭配。传统的版纳地毯其图案纹样独具云南少数民族特色，图案有大象、孔雀等珍禽异兽，也有牡丹、山茶等奇花异卉。加之做工精细、毯面丰满，色彩艳丽，地毯耐磨损性较好，因此被誉为中国四大民族高级羊毛手工地毯之一（图 5-3-6）。

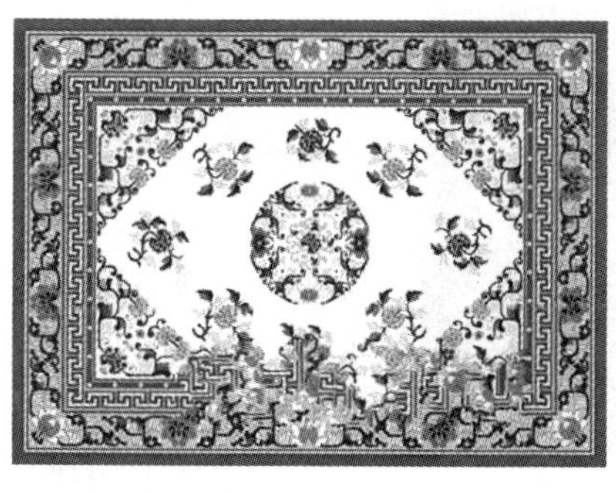

（a）

（b）

图 5-3-5　版纳地毯

版纳地毯的工艺流程共分为以下五个步骤。

（1）绘制图样。设计师设计出地毯的图样后，工艺师将其按照地毯的具体尺寸放大，制成蓝图。

（2）染线。按照设计图样的色号要求进行染线工艺处理。传统的染料是从天然植物、矿物中提取的。现在多使用化学合成染料高温染色，以增加色彩的多样性，提高色度。

（3）挂经。把经线一根根按照固定的距离绕在上下水平的横梁上，经线的数目即道数的多少决定地毯的质地，经线密即道数多、道数多则图案细腻清晰，其编织技工的劳动强度自然增大。

（4）编织。一般情况下，技工会先用素线编织几厘米地毯沿边，然后才按照蓝图，用不同颜色的羊毛线在经线上打结，然后用特制的刀具切断绒线，形成一个绒头，之后不断重复这几个步骤。织好一排后拉经，使前后经线形成一个交叉的纹，在穿过一条纬线后用特制的铁梳子拍打压实，地毯的一行就织成了，接下来的工作仍是重复上述动作。

（5）手工栽绒。编织完以后即进行手工栽绒，技师按照地毯的图案，掌控位置、深浅、角度，修剪出非常平滑的毯面效果。之后进行水洗、干燥、挽穗。这样，该工艺品就完成了。

第四节　贵州独特的蜡染旅游工艺品设计

一、蜡染概况

蜡染（图 5-4-1）即采用蜡防染的染色工艺，古人称之为“蜡缬”，它与扎染、镂空印花并称为我国古代三大印花技艺。蜡染用蜡防染色，也就是说，手工艺人用蜡把花纹点绘在麻、丝等天然纤维

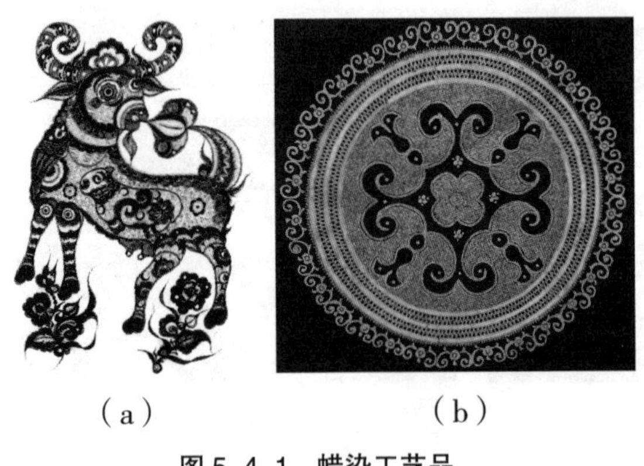

（a）　　（b）

图 5-4-1　蜡染工艺品

织物上，然后放入适宜在低温条件下染色的靛蓝染料缸中浸染，有蜡的地方染不上颜色，除去蜡即现出因蜡保护而产生的美丽的白花，这样便能够呈现出一种自然天成的特殊艺术效果。

按照贵州蜡染的艺术风格，我们将其分为月亮山型、乌蒙山型、扁担山型、飞云山型及其他几大类型，具体如下。

（1）月亮山型蜡染的产地分布于黔南州三都县和黔东南的丹寨县、榕江县、雷山县交界的地区。该地区大部分属于月亮山区，这也是月亮山型蜡染得名的主要原因。

（2）乌蒙山型蜡染的产地散布在六盘水市的六枝特区，黔西北的毕节、织金、纳雍和安顺市的普定县等地区。该地区大部分属于乌蒙山区，这也是乌蒙山型蜡染得名的主要原因。

（3）扁担山型蜡染的产地分布于安顺市的镇宁县、普定县、关岭县，六盘水市的六枝、盘县、水城的部分地区，以及毕节地区的威宁县的部分地区。该类型蜡染以扁担山地区的蜡染为典型，这也是扁担山型蜡染得名的主要原因。

（4）飞云山型蜡染的产地分布于黔东南的黄平县和凯里市的交界地区。该地区围绕飞云崖，这也是飞云山型蜡染得名的主要原因。

（5）贵州民间传统蜡染还有其他类型，如安顺小屯、幺铺、大山哨一带的苗族蜡染，其特点是彩色蜡染较多，主要用色为红、黄、深蓝、浅蓝、白等；图案风格较为汉化，有花、鸟、鱼、虫及几何纹样；技法上点、线、面结合。又如黔南州平坝、贵定、福泉和惠水等县的苗族蜡染与乌蒙山型蜡染风格相近，但纹样没有乌蒙山型那么细密。

按照贵州地理环境与形式风格，我们将蜡染分为镇宁型、丹寨型、重安江型以及纳雍型，具体如下。

（1）镇宁型蜡染是居住在镇宁、普定、关岭等县的布依族的传统蜡染。

（2）丹寨型蜡染是居住在丹寨以及周围几个县少数民族的传统蜡染。

（3）重安江型蜡染是居住在黄平县重安江一带传统蜡染。

（4）纳雍型蜡染是居住在纳雍、赫章、织金、黔西、大方、毕节等县和六盘水市苗族的传统蜡染。

二、丹寨苗族服饰蜡染

丹寨蜡染是贵州最有代表性的蜡染之一，应用在俗称为“白领苗”的苗族支系中，以扬武乡排莫村、排倒村和排调镇远景村最为集中。丹寨蜡染集中的区域群山环绕、山清水秀，属低山地貌。苗族人民以农耕为经济生活的方式，过着男耕女织的生活。由于地势偏远，交通闭塞，使长期与外隔绝的苗族人民逐渐形成自给自足的小衣经济体系，也形成了特色鲜明的蜡染技艺与文化。居住在那里的苗族人服饰和家居用品多为蜡染制成，女性自幼在母亲或年长者的指导下学习蜡染。如今，丹寨“白领苗”的蜡染已被国内誉为“东方第一染”。

“白领苗”的传统盛装服饰，可以说就是苗族蜡染工艺的最好体现。“白领苗”盛装的上衣为大襟左衽紧腰长袖，无扣，以两对布带系缚。上衣以靛蓝加血浆染成紫黑色的苗族亮布为衣料，除领口、两肩、襟边、后背处缀有红地折枝或挑花的小片刺绣外，袖子靠近袖笼处和后背上方则是用蓝白的蜡染为饰。后背上方的蜡染图案由 8 个旋线形旋涡纹包围着一个圆心组成，左右肩背处也各绘有两个螺旋线形漩涡纹。上装的袖口宽约 15 厘米，为白色斗纹布，袖身亦为亮布，肩袖处也有螺旋纹蜡染（图 5-4-2）。下装平日为裤，节日盛装为罗裙，裙长至足背，裙上有彩色的刺绣和五彩珠子，脚穿圆口绣花鞋。

扬武乡“白领苗”传统盛装服饰的最大特点是蜡染装饰，然而随着时代的发展，传统服饰与现代式样发生了冲撞，在对抗中服饰蜡染手工艺被当地人保留，并进行了创新式传承，于是就有了许多新的现代便装样式。图 5-4-3 为新式蜡染服饰，立领、大襟右衽、镶有六对盘扣，七分袖的袖口为箭袖的形状。尽管是新时代的产物，但是“鸟”崇拜的传统并没有丢，蜡染服饰中依然少不了鸟的形象。

图 5-4-2 “白领苗”盛装上衣

图 5-4-3 新式蜡染服饰

制作蜡染需要很多工具与材料，一般情况下，用自种棉花进行自纺、自织、自染出来的土布，现在主要是到市场上购买现成的棉线与棉布。其实，制作蜡染的工具比较简单、粗糙，虽然如此，但是这些工具大多是苗民自己制作的。绘制蜡染的蜡刀（图 5-4-4）一般用长 10 厘米左右的圆柱形木棍做刀杆，头上夹有两片宽 1.5 ~ 2 厘米的半圆形铜刀以储备蜡液。这样的蜡刀能以半圆形的一端自由地绘制直线、弧线、圆圈等几何形线条，而另外一端为切去的一角，可以绘制点状纹样。制作蜡染还需要木槌、卵石，牛下颚骨和平滑石，这些工具都是用来处理布料的。

丹寨“白领苗”蜡染以蜂蜡作为防染材料。丹寨妇女一般在天气较热的季节画蜡，冬季染色。蜂蜡要放在蜡碗（图 5-4-5）里，通常选择不易炸裂的碗就可以。

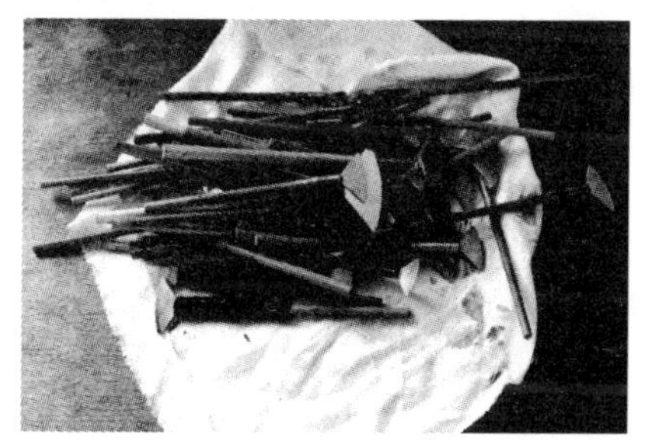

图 5-4-4　蜡刀

图 5-4-5　蜡碗

当然，蓝草也是必不可少的材料之一，除此之外，还有染缸，用来浸泡蓝靛。布片染好后，还要用木架来晾晒。

丹寨“白领苗”蜡染的工艺流程可分为以下五个步骤。

（1）布料预处理。过去丹寨苗族蜡染的布料是用棉线，经过纺纱、桄纱、浆纱、染纱、编排后再织造而成的。丹寨苗族自织的土布有平纹和花纹两种。制作蜡染的平纹白布织好后，先要用水煮沸使其脱汁，然后用如上所述白芨打成浆，经浆洗、晾干、捶平、刮抻等工序，使得布面平整、纹路固定，这样在上面画蜡时才不会变形走样。

（2）制作蜡液。丹寨“白领苗”制作蜡染使用 100% 的蜂蜡，不掺其他的蜡。用火盆里的木炭灰或糠壳火使蜡熔化，现在多用电磁炉或电炉。将蜂蜡高温溶化后，滤去渣碎，用文火溶成蜡液待用。融化后的蜡液也变成了蓝黑色。

（3）制作蓝靛。秋天收割靛叶后将其放入缸内，加适量冷水，隔 2 ~ 3

天翻动一下。浸泡一周后，将靛叶捞出，把石灰放入容器内。靛叶与石灰按照一定比例调匀后放在阳光下曝晒，待水分自然蒸发后成泥乳状时，盛装待用。需要用时再将其放入木缸，加入米酒化开，然后加入清水至所需要的浓度即可。

（4）点蜡。将整理好的白布平贴在木板或桌面上，便可以用蜡刀蘸取蜡液在布上作画，画蜡一般先用指甲在白布上勾画出大轮廓，而不用圆规、直尺等工具。熟练的“白领苗”画蜡者无须打草稿就能绘制出惟妙惟肖的纹样。

（5）浸染。将画好蜡的半成品布片卷成筒状，这样做是为了使其不互相粘贴，再用线穿成若干段后，吊在染缸表面的竹片上，让布片完全浸入蓝靛染液。几天之后，将其取出并晾干，然后反复浸染，直到染成自己所需的程度。

（6）脱蜡。将浸染后的布片晾干，再放入沸水中煮沸，不容置疑的是，蜡经过高温的水煮沸之后会与布面分离，浮在水断上。这时可以将漂浮的蜡回进行回收。

（7）漂洗。脱好蜡的布片用清水漂洗干净，使得残留的蜡脱净，晾干后即得到蓝白且为底色的画面。这样，该工艺品就完成了。

三、织金苗族服饰蜡染

“织金”一名源自古彝语的地名，曾经先后被译为直溪、直金、只鸡等。至元代才起称织金，时有织金城、织金河、织金关等地名。

根据相关的历史资料我们可以发现，织金的苗族是从两晋王朝征剿掳掠五溪之时起陆续迁徙而来的。织金苗语属川黔滇方言、次方言织金土语，部分属滇东北次方言织金土语。由于所操次方言和土语以及服饰的差异，织金苗族有五个支系。1953 年统一称为苗族。小妥倮村苗族属于织金县五个苗族支系中的一支，自称“Hmongb shuad”，他称“歪梳苗”。

生活在贵州毕节地区官寨乡大山深处的“歪梳苗”人作为苗族的一个分支，在制作民族服饰时大量采用蜡染的方法。例如“歪梳苗”女性衣裙的多个部位中，大面积地出现蜡染装饰，使得“歪梳苗”服饰散发出一种独特的魅力。“歪梳苗”的蜡染为全手工精心创作，民族气息浓郁，文化底蕴深厚（图 5-4-6）。

（a）

（b）

图 5-4-6　“歪梳苗”女子服饰

“歪梳苗”的蜡染工艺积累了相当丰富的纹饰题材和精湛高超的画蜡技艺，其中比较典型的纹饰有：动物纹中的龙首鱼、植物纹的石榴、棱角、菊花、卷草、小花朵等，象征着吉祥繁荣。几何纹中的小圆点、涡状纹、芒状纹，主要用来填充纹饰，粗细直线、波形折返线等几何纹主要用于边框处。

尽管织金“歪梳苗”蜡染纹样的线条细如毫发，堪称一绝，不过其工艺程序与其他地方相比，不同之处较少。需要使用的材料同样为布料、染料以及蜡刀，由于其蜡染非常精致细密，务必要选用较小的蜡刀。

准备好材料后即可以开始进行画蜡工序。先用笔勾画事先构思好的大框架线条，这一步相当于画画中的起稿；接下来在框架内勾画形象，即勾线定位（图 5-4-7）；然后再用蜡刀蘸取溶化的蜡液，用极精细的线条勾填各种纹饰，填充直至画完整幅（图 5-4-8）。

图 5-4-7　勾线定位

图 5-4-8　填充

画好蜡的布片即可以等待浸染。“歪梳苗”蜡染的传统染色，是以蓝靛液浸染，呈蓝白相间的效果。现在多使用现代合成的染料，浸染时间就缩短了很多，由几天缩短为几个小时，而且染后的色牢固度大大提高，保证了染出来的布不褪色并保持传统的蓝白清秀淡雅的色相不变。

染色后的布片要进行脱蜡工序。与其他地区和民族蜡染工艺一样，脱蜡是将浸染好的布料放到开水中煮沸，使布料上面的蜡质分离，最后用清水漂洗干净晾晒即可。“歪梳苗”蜡染注重的是线条的精细和工整，很少见到较为粗犷的线条，当然，这不代表它没有粗犷的线条，一般情况下，这些粗犷的线条都是用来勾勒强化边缘的。这一细节也是“歪梳苗”蜡染有别于其他苗族支系蜡染工艺的地方（图 5-4-9）。

对于其他地方而言，脱蜡后的布料就是蜡染成品，但是，“歪梳苗”蜡染还需要一个步骤才可完成，即点刺。在完成染制工序后，妇女们还会在蜡染关键部位施以刺绣，即在蓝白蜡染底布上再用彩色丝线绣出星状的小花，这成了“歪梳苗”蜡染有别于贵州其他地区和民族的独特亮点（图 5-4-10）。在配色上，多用红、黄、绿色搭配蓝白蜡染，整个工艺品看起来十分协调，而且还具有很强的独特性。

图 5-4-9　染制好的蜡染布片

图 5-4-10　点刺后的蜡染布片

第五节　湖北"荆风楚韵"特色旅游工艺品设计

自古以来，湖北独有的地理环境、文化氛围，孕育了其璀璨多姿的手工艺文化。春秋战国时期楚国的大部分版图都在现在的湖北省境内，湖北是绚丽古楚文化的重要发祥地。湖北历来为九省通衢的要地，与此同时，它也是南、北文化交汇融合之地。以荆楚为中心，东为吴楚，西是巴楚，西北则为秦楚，各种文化在这里碰撞、交融，汉族、土族、苗族、回族、维吾尔族等多民族在这里聚居杂处。多样复杂的地理气候，丰厚富饶的资源物产，悠久灿烂的历史文化，多姿多彩的民俗风情，造就了湖北历代材质精细、工艺精湛的手工艺作品。

一、布贴

布贴，俗称"补花"和"贴花"，是刺绣的一种形式，亦称"补绣"或"贴布绣"。它是以色布剪成花叶形状，贴于底布上，然后用扣针将边线扣牢，并结合运用其他针法刺绣于花叶的块面上的装饰纹样。贴布绣基本上还是素绣，但比之色绣，是在以线为主的图案造型上增加了色面。其特点是用工用料不大，但能解决色彩的大块面问题，使色彩丰富。同时，由于布的质地统一，不仅不会降低手绣的珍贵感，反而会有助于手绣技艺的发挥（图 5-5-1、图 5-5-2）。

图 5-5-1　虎形布贴涎兜

图 5-5-2　布贴马甲

作为一种民间常见的刺绣工艺，布贴在全国其他地方也比较多见，只是叫法不一样。如北京称为“雕补花”，江苏称为“贴布”，广东称为“补布绣”。不管是哪种叫法，其工艺都是一样的，即将各色碎布料通过剪样、拼贴，并缝制、刺绣在底布上，以装饰衣物。

布贴工艺或因节俭而兴，旧时被看作是“无钱人家”的常用之物，因此，它的制作工具和材料十分常见，而且非常简单，主要为针、剪刀、样纸、衬帮、糯米装糊、白棉线、五色绣线以及各色花棉布。除此之外，它的绣制工艺也较为随意，常常是绣女利用各色布角剪出图案纹饰的大形，再以色彩对比形式在大轮廓内表现细节。

布贴的制作工序可分以下七个步骤。

（1）以质地较厚的黑色或深蓝色粗布为底布，将其裁剪成所需的实用样式。

（2）根据底布形状构思以花鸟虫鱼、祥禽瑞兽等吉祥纹饰为主题的花样，做成适合纹样。

（3）剪粘色布，分色构思，将花样纸逐块剪开，选剪色布，以糯米浆糊覆盖纸样并包转粘合。

（4）将粘好的色块造型组合于底布上，用浆糊和长针脚将其固定在底布上。

（5）用粗、细白棉线将色块逐个进行缝饰。

（6）对那些无法用贴布来表达的细节，以五色丝线来绣饰人物、动物的眉目和毛发以及植物花蕊、动物爪牙等；覆里包边，即缝覆里布，整体外形的包边缝合。

（7）根据实际情况所需做出必要的填充、镶嵌或吊饰处理，有的布贴上还连缀着铜铃、铜钱、流苏等一些小饰物，既有辟邪作习也增添其观赏性。

布贴绣品用途非常广泛，与百姓生活密切相关。其主要分为以下三类。

（1）儿童用品，有抱裙、披风、外套、马甲、涎兜、肚兜、童枕、花鞋、暖帽、书包以及玩具等。

（2）婚嫁用品，有披肩、轿帘、床沿、帐沿、帐吊、枕头、帐幔、绣鞋、围裙、荷包以及八卦等。

（3）宗教用品，有蒲团、僧帽、垂神帐、对联、香袋等。

布贴装饰纹样的题材非常广泛，艺人随意而自由地将祥禽瑞兽、花鸟虫鱼、日常用具以及乡间景物、民间故事、戏曲人物、民俗风情和神话传说等都纳入其中。常以象征、比喻、谐音等手法来组合形象，以祈福纳祥、驱邪避祸，以此表达美好的愿望和祝福。布贴中常见的图案有观音坐莲、观音送子、刘海砍樵、福寿双全、榴开百子、太极八卦、万字不断头等。这些纹样，很少有现成的图谱，都是农村妇女母女、祖孙、姐妹之间相互传习而得以传承，多是艺人根据自己的想象巧手拼贴而成。

二、糖人

所谓糖人就是民间艺人以麦芽糖和蔗糖为原料所塑造的各种人物、动物以及其他形象的统称。糖人最早因作为祭祀供品而产生，后来又因其既好吃又好玩，而成为孩童玩赏、食用的风味零食，即食即消，保存时间不长（图 5–5–3、图 5–5–4）。

图 5–5–3　天门糖塑“倒爬狮子”

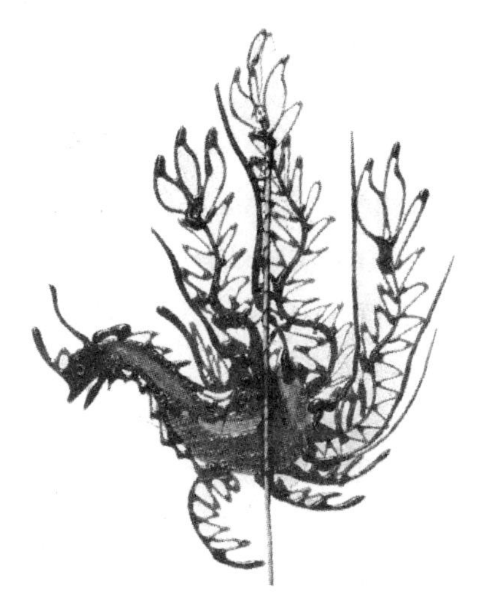

图 5–5–4　糖画“凤凰”

在荆楚地区，糖人制作工艺以三种形式存在，即滴糖花（糖画）、冰糖制塑和糖塑。其中，糖塑是最具有艺术价值的。实际上，糖塑就是以前人们经常说的“吹糖人”，天门糖塑是最出名的（图 5–5–5）。

糖塑的原料就是加热后的麦芽糖，糖塑艺人利用麦芽糖可塑性吸强和很强黏性的特点，经过”吹”和“塑”，将其变成妙趣横生的艺术品。艺人游走江湖的主要家当就是那一副糖塑担子，糖塑担子集工具箱、操作台展示架及坐凳于一体的木质简易装备（图 5-5-6）。

图 5-5-5　天门糖塑

图 5-5-6　糖塑担子

制作糖塑所需要的工具十分简易，主要有竹制塑刀、小剪刀、木梳、竹签，以及辅助工具小篾刀、石膏粉、弹簧、棉花、棉线墨汁、红色素、细竹笔等。这些简陋的工具被艺人灵活运用，将普通糖毛塑制成各种栩栩如生的精美造型，具有很高的审美价值。

经过 100 多年的传承发展，形成了天门糖塑丰富的题材样式，有数百种之多，艺人经常做的也有数十种，可归纳为以下三大类。

（1）祈福纳祥，如天官赐福、龙凤呈祥、八仙庆寿、牧童骑牛等，包含祈福、寿诞、婚庆、求子、生财等吉祥寓意。

（2）驱灾避邪，如除五毒、玄武，以及金瓜、大刀等，人们以此表达逢凶化吉的愿望。

（3）传统戏文，如文王访贤、关圣夜读、刘备招亲、穆桂英挂帅、梁红玉击鼓、七侠五义等，这些传统忠义戏文故事历来为人们所津津乐道，有教化作用。

（4）寓言哲理，如金鸡斗蟋蟀、十样锦等，将智慧哲理以具体形象表现出来。

艺人想象力非常丰富，善于从生活中取材，即使他们在同类题材中也有不同表现形式，如老鼠题材就有老鼠拖葫芦、老鼠上灯台、老鼠吃菱角、老鼠钻夜壶等等。

天门糖塑与其他地方的雕塑艺术有很大的不同，其特点为以下三个方面。

（1）既“吹”又“塑”。将麦芽糖以“吹”造型，有成形快、体量大、用料省的特点，行话称之为“泡活”。

（2）色彩醇和。天门糖塑在色彩运用上，以麦芽糖本身的黄褐色和红、绿、黑（青）四种颜色为主，都为食用色素，艺人亦可根据造型需要将以上四色调和成数十种间色和复色。将两三种颜色的糖料以不同比例拼在一起，经过艺人的搓、拉、揉、捏，可形成并置、渐变、混合等不同的色彩效果，让人赏心悦目。

（3）灵动自如。在一般情况下，制作糖塑的艺人会在狮尾、凤翅、龙口火珠等部件上安装细铜丝绕成的小弹簧，稍有动静，就会发生颤动，趣味性十足。

三、扇子

以江陵出土的战国彩漆竹扇为始，楚地制扇历史悠久。明末清初，湖北的洪湖、沔阳、安陆、汉阳、天门、汉口和蒲圻等地成为重要的制扇基地，主要制作羽毛扇、纸折扇、绢扇、官扇、绸舞扇、帽扇等，这些地方尤以洪湖新堤制作的羽毛扇和纸折扇最为出名。

（一）羽毛扇

羽毛扇主要以鸟禽羽毛编织成扇面，加上扇柄而成。跟蒲扇和芭蕉扇相比，羽毛扇为轻巧之物，所扇出的轻徐和风，似有若无，对那些年老体弱者、孕妇、产后母子等体质虚弱者尤其适用。被誉为“纳凉妙品”。

一般制扇作坊都是每年冬季经营鸭、鹅、雁、鹤、鹰、鹭鸶、天鹅和白鹳等野禽生意，冬季采毛，春季制扇。各作坊主要制作彩扇、素扇、桃扇、广扇、撒扇、佛手扇等不同色泽和形状的羽扇，各种形式羽扇又因所用禽类羽毛的不同，其品类也比较多，大致有雕毛扇、雕尾扇、白鹳扇、驼鹤扇、白鹭扇、凌鹤扇、天鹅扇、雁毛扇、野鸭扇等等数种。其中雕毛有皂雕、芝麻雕、洁毛雕、白尾雕、变象雕、黄肩雕、青肩雕、马鹰雕等若干品种，雕毛比较高级，一般都从云南等产珍禽的地方采购。白鹳扇又分花鹳和鱼鹳，白鹭扇分为背鹤和划虎，天鹅扇分为灰鹅和凤鹅，而驼鹤扇则有挑鹤、黑凤、墨庄、冬庄、粉庄、青庄、火庄、黄庄等数种之多。

制作一把精美羽扇，其工序有选毛、出片、洗片、理片、缝片、接管、串毛、装柄、整形、装绒以及绘画等十余道，整个制扇工艺的流程对艺人有很高的要求，必须一丝不苟。按照不同的材料，扇柄可以分为很多种，包括象牙柄（图 5–5–7）、木雕柄（图 5–5–8）、牛角柄、羊骨柄、矾石柄、胶竹柄、氯胶柄等。

图 5-5-7 象牙羽毛扇

图 5-5-8 木雕漆绘羽毛扇柄

（二）纸折扇

折扇，又名“聚头扇”。因其收则折叠、用则撒开，故又称“撒扇”。其种类有纸折扇、檀香扇、贝壳扇、象牙扇、孔雀扇等，其中以纸折扇最为普及。纸折扇是将众多细长的竹片制成扇骨，叠起扇骨后，在其下端以钉铰固定、上部展开为半圆形，正反两面以纸裱糊作扇面，最后在空白扇面上题诗作画。因其携带方便，出入怀袖，扇面书画、扇骨雕琢，是文人雅士的心爱之物，故又有“怀袖雅物”之别称。

在这么多的扇坊中，最有名的要数洪懋和扇坊、吴新记扇坊、段宏昌扇坊、郑同发扇坊等，其几代从事扇业制作，技艺炉火纯青，在洪湖制扇史上有着重要地位。

每到春夏时节，制扇的清脆之声响彻洪湖新堤上空。洪湖纸折扇工艺复杂，做工精细，以生长 3 年以上的湘妃竹和优质宣纸为原料。制扇按工艺可分为生胎、熟胎和扇面 3 大类，每把折扇都要经过 30 余道工序。一把扇子除两旁的大边骨外，中间俗称小骨或心子的扇骨少则 7 支，多达 40 支，一般多为 14 支或 16 支。40 支扇骨的折扇，扇骨纤细，风格秀丽，旧时专为女子所执。单是扇骨制作的 20 多道工序，诸如选竹、下料、劈竹、刮青、蒸煮、打篾、选篾、缠把、打孔、造型、刨砂、标记、磨砂、合股、上钉、雕刻、打磨、上漆，等等。扇骨装饰以雕刻为主，采用水磨玉竹、推光髹漆等手法打磨上漆。雕刻扇骨非常讲究，雕边骨有深胎（阴刻）、浮雅（阳刻）之分，有的还利用竹簧本色在上面雕一些诸如龙、凤、鹿、鹤等祥禽瑞兽，以及人物、山水和亭台楼阁等纹饰，还有的竹骨上用篆、行、草、楷、隶、金石等书法形式来雕刻诗词佳句。不管是深胎还是浮雕，其刀法洒脱、造型稚拙，给人以古朴凝重、拙朴率真的感受。扇骨雕完之后，通常用黑、红、墨绿等国漆进行涂饰，打磨得光洁照人（图 5-5-9、图 5-5-10）。

图 5-5-9　经过岁月沉淀的老扇骨

图 5-5-10　雕刻精美的乌木老扇骨

四、皮影

皮影戏又叫“影戏”“灯影戏”。是一门综合艺术，它将戏剧、美术、音乐、文学融为一体。一般，湖北皮影戏艺人所演出的内容多是传记、演案、演义等传统故事，尽管后来有些影戏班子也编排过一些反映时代特色的剧目和寓言动画故事，但演出《封神榜》《三国演义》《水浒传》等连台本戏的比重仍非常大。

所谓“皮影戏”，其演出道具就是皮影（图 5-5-11）。皮影是一种造型非常精美、色彩透明艳丽的民间手工艺作品。湖北皮影共分为两种样式，具体如下。

（1）小影子。广泛流传于鄂西北地区，被称为“魏谱”，高尺许；以谷城、竹山等地为代表的小影子多用驴皮雕成，因属秦楚之地，其风格类似陕西皮影；影子小巧精致，人物造型生动，纹饰雕刻细腻，图案紧凑精美，色彩透明艳丽。

（2）大影子。广泛流传于江汉平原潜江、天门、沔阳（仙桃）等地，称为“门神谱”，因此地以前属荆州地区，故亦称“荆州影”。与多在室内演出的北方皮影戏不同，以前江汉皮影戏多在户外打谷场上演出，场地大看戏的人也非常多，故影子高达两尺有余。

图 5-5-11 皮影

以潜江、仙桃、天门为代表的江汉平原皮影戏，因其悠久的历史、独特的唱腔和高达 70 厘米的人物造型，是湖北地区皮影戏的代表。与其他地方的皮影相比，江汉平原皮影因尺寸大而在制作上讲究“圆”，其造型朴实，线条圆浑、粗犷，表现手法夸张浪漫，富于装饰性。

制作皮影的工序可分为以下七个步骤。

（1）制皮。在冬季最冷的时候，选用上等黄牛皮，经过一月左右的浸泡，能使皮内血水完全出来。用刀子刮去皮上毛发和残存肉质，将牛皮刮削得透明光滑，然后将其绷紧放在阴凉处晾干定型。

（2）描图。皮影素纸格图是艺人制作影子的摹本，不会变形走样。制作前都要画，影人的标准身高为 70 厘米，以影人各部件尺寸来定格造型，脸谱参照戏曲角色，服饰则是包体造型。脸部为五分造型，胸部半侧面，腰部全侧面，腿一前一后。

（3）雕刻。为了能雕出细腻精美的影人，艺人准备的雕刻器具有木墩、雕刀、圆规、剪子、直口刀、凹坦形两把、削刀两把等数十种。由于影子有亮影和板影之分，其中以亮影为上品，线条繁复，纹饰细密，密而透亮，最费工时也最显艺人功夫。艺人善于吸收传统戏曲服饰特点，通过提炼简化，运用点、线、面的构成方式，以雕花剪纸形式来表现，其手法以镂雕为主，有阳雕阴刻、阴阳辅刻、明暗凿纹，使画面产生强烈的黑白和虚实对比。

脸部多是侧面镂空，夸大眉眼，缩小嘴部。一般，纯善、正派人物用阳刻手法，花脸、丑角及奸狡角色用阴刻手法。

（4）敷彩。艺人雕好皮影之后还需将其打磨平整，然后上色，谓之“敷彩”。一般选用透明色，使之有良好的透光效果。传统上色分三明五暗，三明指大红、深绿、墨黑；五暗，指除了前面三色外，还有牛皮本身的黄色和镂空形成的白色，形成红、黄、绿、黑、白五色体系，且多用饱和度高的纯色，不调色。

（5）熨平。这道工序俗称“出火”，也就是说，艺人用两块烧热而不烫手的土坯夹住皮影。待土坯热度退去，取出影子将其压平整即可。在这里需要提及的是，这一道工序对火候的把控十分讲究，火候不够或者太过都无法达到预期的效果。

（6）上油。皮影熨平定型后，在其正反两面用桐油或清漆涂刷两遍。这样做主要有两个目的：一是可以使皮纸透亮，色彩更艳而不褪色；二是有防潮防腐作用，使皮影保持挺括状态。

（7）连缀。艺人制作的皮影，文影为一手袖九件连接，武影为双手袖十三件连接。整个影人分头茬、胸部、腰节、上臂、手袖、手掌、手指以及前脚、后脚等。头茬和影身的连接是活动的，其结构如榫卯，头茬可根据需要随时在影身脖子处插接更换。皮影其他部分都是在连接处以“骨眼”相连。然后，在影子背后装上用来操纵皮影的小竹竿。这样，该工艺品就完成了。

第六节 山西特色旅游工艺品设计

我们都清楚，山西是中华文明的发祥地之一，数千年黄河文化的积淀，使得生存在这片黄土地上的先民在长期的劳动和生活中形成了异常丰富、特色鲜明的文化遗产。因此，这里的旅游工艺品的种类繁多、形式多样、弥足珍贵。

一、漆器

在黄土高原上有很多漆树，为山西的漆艺发展提供了良好的条件。山西的漆艺，主要分为以下三大类。

（一）平遥推光漆器

平遥推光漆器（图 5–6–1）是我国的四大著名漆器之一。平遥漆器选用优质木料制胎、上灰、背布、裱纸，用天然大漆和合成大漆刷涂，漆面绘有古典人物、山水、花鸟等图案，配有铜饰件。不容置疑的是，推光漆器工艺，从底漆到面漆，都有不同的工艺要求。平遥推光漆器最后一道面漆工序是用手掌推磨抛光的，先用细砂纸把漆面打磨光滑，接着用优质椴木烧制的木炭块蘸水打磨增加漆面的黑度，再用头发蘸油打磨，最后用手掌蘸上特制的细砖灰和麻油推光。平遥推光漆器漆面光亮如镜，富丽堂皇，造型古朴典雅，色彩绚丽，有耐高温、耐酸碱、耐老化等特点。产品具有描金彩绘、堆古罩漆、骨石镶嵌、雕填呛金等工艺，有屏风、柜、桌、小件漆工艺等数百个品种。

图 5–6–1　平遥推光漆器

平遥推光漆器的魅力不仅仅在于精雕细琢，其用料也十分讲究，使用的是一种天然漆料，也就是大漆。

平遥推光漆艺的制作工序主要分为八个步骤，具体如下。

（1）炼制大漆。主要是用特殊配方、技艺及设施来炼制。

（2）炼制罩漆。主要是用大漆和天然桐油这两者来炼制。

（3）木胎披麻挂灰。生漆灰须褙布，猪血灰须披麻，黄土胶则需褙纸。

（4）制作漆栓。主要是用人的头发、牛尾来制作。

（5）阴干漆器。需要引起注意的是，一定要在特设的阴房里阴干，否则就达不到预期的效果。

（6）描金彩绘。主要包括平金开黑、堆鼓罩漆、勾金、蛋壳镶嵌等传统技法。

（7）推光。主要是用砂纸、木炭、头发、砖灰、麻油等推光，让漆器变得十分光亮。

（8）装饰。主要是使用镶嵌、镂刻、罩金等技艺进行装饰。

平遥推光漆器的生产共分为五道工序，分别为：木胎、灰胎、漆工、画工以及镶嵌。木胎车间使用松木做出各种家具的木胎后，灰胎车间就用白麻缠裹木胎，抹上一层用猪血调成的砖灰泥。底漆多以墨黑、霞红、杏黄、绿紫为主，上面绘以具有民族风格的图案，线条流畅，色调和谐，富丽堂皇。

（二）新绛云雕漆器

新绛云雕漆器（图 5–6–2）是中国漆器工艺中的珍品，采取漆、画、雕相结合的综合工艺技法制成。云雕漆器制作得十分精细。首先在做好的木胎上涂上朱、黑颜色的漆层，相间堆起，一般要漆八十道左右，然后用刀剔刻出图案云纹。剔刻斜刀深约 5 毫米，刀口上宽下窄，从刀口上显露出不同颜色和层次的花纹，仿佛不同形状的彩云，具有独特的艺术气息。

图 5–6–2 新绛云雕漆器

云雕工艺最早是在唐代出现的，有着悠久的历史。那时，该工艺在民间不太常见，主要供宫廷使用。到了清朝末年，皇室衰败，宫廷艺人流落民间。那时的绛州正处于工商业的兴盛期，城内店铺林立，商贾云集。在这种背景下，宫廷云雕艺人纷纷汇聚于此，重操旧业，让这一从宫廷流传出来的艺术获得重生。

（三）稷山螺钿漆器

稷山螺钿漆器也是十分著名的。该漆器属细软螺钮，是选用内陆湖泊特产贝壳的珍珠层，与金银扁丝制成各种精美图案，镶入漆器后反复磨研而成的。稷山螺钿漆器色泽斑斓、玲珑别致。螺指贝壳，钿指金属，软是指贝壳中的珍珠层，用贝壳中的珍珠层与金银丝组成图案，镶嵌在推光漆上，这也就是软螺钿漆器镶嵌工艺得名的主要原因。稷山软螺钿漆器镶嵌工艺工序复杂，做工精细，形式古色古香，实为室内案头陈设观赏，又能实用的多功能工艺珍品（图 5-6-3）。

图 5-6-3　稷山螺钿漆器

二、布老虎

提起布老虎，想必我们并不陌生，我们在小时候都接触过它。它是一种古代就已在中国民间广为流传的玩具，是一种极具乡土气息的民间工艺品。从古至今，老虎在人们心中就占有很高的地位，认为它象征着驱邪避灾、平安吉祥。不容置疑的是，布老虎寄托着人们对美好生活的向往与追求。布老虎的形式多种多样，有单头虎、双头虎、枕头虎等。

山西布老虎制作历史悠久，分布广泛，在不同的地方，其制作布老虎的材料及工艺也有所不同。一般的制作方法是，手工艺人把棉布、丝绸缝制成形，内部装填锯末或谷糠，表面用彩绘、刺绣、剪贴等手法描绘出虎的五官和花纹。布老虎以头大、眼大、嘴大、尾巴大的造型来突出勇猛的神态，虎头显示出天真和稚气。

山西最出名的布老虎非梨侯虎莫属了。它发祥于黎城县，因黎城古称黎侯国而得名。黎侯虎造型简练，四蹄直立，昂首挺胸，塑造出虎虎生威的精神劲（图 5-6-4）。

梨侯虎的制作工艺可分为以下六个步骤。

图 5-6-4 梨侯虎

（1）选料。选好各种颜色的布料，主要是红、黄两种颜色，红的代表喜庆，黄的代表吉祥。

（2）裁剪。将虎身的两大块布料和虎身花纹裁剪备用。剪的时候要非常仔细，不可有丝毫闪失。

（3）缝合。将虎身两大块布位缝合在一起；将两块布料要缝得严严实实，代表有虎虎生威的精神劲。

（4）填充。往虎身内填充木屑，这样就能够成形了，填的时候一定要捣实。

（5）绣制。将梨侯虎的眼、眉、耳等部位绣制好，尤其是用蓝缎缝制眉目，代表的是虎的怒点。

（6）粘缝。将事先裁剪好的花纹粘贴虎身，再将绣制好的眼、眉、耳等缝制在相关部位。这样，该工艺品就完成了。

三、绛州澄泥砚

砚的制作材料很多，陶、泥、砖瓦、金属、漆、瓷、石等皆可，最常见的还是石砚。我国地大物博，自然有众多产石的地方，因此，产砚的地方遍布全国各地。砚台的特点有很多，主要包括：质细地腻、晶莹平滑、纹理色秀、易发墨而不吸水等。

山西最出名的砚非“绛州澄泥砚”莫属。它产于新绛县，是四大名砚中唯一的陶砚。“绛州澄泥砚”利用汾河湾的沉积淤泥，经采泥、澄泥过滤、绢袋压滤、陈泥、揉泥、制坯、阴房晾干、雕刻、砂磨、入窑烧制、出窑、成品水磨等几十道工序制作而成。也因此该砚的产量较少，价格昂贵，具有很高的艺术价值与收藏价值。

通过观察一些澄泥砚作品可以看出，澄泥砚具有独特的雕塑风格，注重形象的塑造，讲究精雕细刻又不失古朴大方，质地细腻，坚而不燥，具有很高的实用价值与审美价值（图 5-6-5）。

（a）

（b）

图 5-6-5 绛州澄泥砚

如今制作绛州澄泥砚的手工艺人，除了仿制传统的古砚，还开发出了上百个新的砚种，如八仙过海砚、平步青云砚、桃源仙境砚等，这无疑使得这项古老深远的历史珍品绝活新生，重放异彩。

四、堆锦

堆锦，原名“堆花”，是一种采用丝绸锦缎，按精心设计的图案，完全靠手工堆制成的工艺品，而且具有软体浮雕的独特艺术效果。堆锦中的各种人物、动物栩栩如生，被国内外誉为“立体国画”。

堆锦作为一种装饰画，其独特之处就在于其具有浮雕效果。它在传统的基础上融入了中国画特有的技法，既保持了中国画的笔墨韵味，又借鉴了浮雕的立体效果，兼容了绸缎的雍容华贵，经过技术的改革，还具备了不生蛀、不褪色的特点，受到人们的喜爱。毋庸置疑，堆锦也成了倍受青睐的旅游工艺品。

堆锦的单体造型是十分小巧精致的。一般情况下，堆锦中的人物身高为 20 厘米左右。在制作堆锦的过程中，各部分棉花的厚薄与边缘粘贴的纸捻粗细都有所不同，再加上拨折叠压时的顺序变化，使画面产生一定的立体感。除此之外，对人物的头、手、佩饰、道具的制作要求十分精细，直径仅两毫米的手指必须内填棉花，外包绸缎。头饰、道具要用金银箔料刻成精美的图案，有的地方还要彩绘。

堆锦主要分为三种形式，即壁画、挂画、摆件。其中，具有较强影响力的堆锦作品有《四季图》、《富贵图》（图 5–6–6）、《八仙过海》、《观世音菩萨》（图 5–6–7）等。

图 5–6–6　《富贵图》

图 5–6–7　《观世音菩萨》

堆锦需要很多制作材料，其中包括各色丝绸锦缎及特殊布料、绘图纸、草板纸、白板纸、宣纸、国画色、丙烯颜料、黏结剂、棉花、珠宝、金银彩线、金粉、银粉、木框等。制作工具有刻刀、刻板、剪刀、毛笔、水彩笔、竹签、调色盘等。

堆锦的工艺制作流程不是很复杂，也就是说，手工艺人先将图形描在簿纸板上，照线剪裁成若干块，接着在这些纸片上“贴飞边”“压纸捻”“续棉花”，然后蒙上所需绸缎，经过“拨折”“软褶”“彩绘”“贴金锡线”，成为片状半成品，最后将此半成品平面拼贴在已经绘好场景的底板上，装入玻璃木框。这样，该工艺品就完成了。

第七节　陕西特色旅游工艺品设计

陕西的特色旅游工艺品以剪纸为主。剪纸是最普及的中国民间艺术品类之一。从其分布空间上看，生活在大河上下、大江南北、大海沿岸、长白山区、云贵高原的人民都是剪纸的天才；从其发展时间上看，考古学家发现的古剪纸标本，把剪纸的源头追溯到南北朝时期，距今已有一千多年的历史。

20世纪30~40年代，陕甘宁边区的艺术家们率先关注贴在陕北窑洞窗户上的小窗花，开始采集、收藏，并作为木刻画的形式语言参照。之后，相关的学者出版了有史以来我国第一本民间剪纸集《延安剪纸》，该书的出版与发行无疑证明了剪纸开始被主流文化所容纳。随着时间的推移，陕西的剪纸愈发受到人们的青睐，成为了一种时尚的旅游工艺品。

一、陕西剪纸的艺术风格

陕西剪纸的艺术风格主要有以下三种类型。

（一）传承型

传承型剪纸就是传统意义上的剪纸，它指的是代代相传的剪纸艺术。传承型剪纸经历了几千年的发展历程。在民间，这类剪纸占主导地位。在男耕女织时代，妇女们创造了属于自己的文化。剪纸造型、剪纸技艺经一代代妇女创造与发展，形成了完整独立的民间美术造型体系。不容置疑的是，传承型剪纸纹样中的花、草、鱼、虫、鸟、兽等是民间剪纸艺术最为精彩的部分。传统纹样在民俗中大都有一定的讲究和寓意，形成了一整套独有的程式，是特殊的“文字”“标识”与“符号”。剪纸是民间美术的造型基础，而妇女们学习剪纸技艺又都是从剪石榴、牡丹等花草开始的（图5-7-1）。

（a）　　（b）

图5-7-1　传承型剪纸

民俗花草中包含了许多内容，比如石榴、牡丹、莲花、鱼、八宝如意、狮子绣球等。这些内容在妇女手中变得千姿百态，并且能够灵活运用到窗花、顶棚花等装饰之中。

陕北的文化环境是比较封闭的，因此，传承型剪纸保留了较为古老的造型特点。而在文化发达地区，剪纸的花样风格和造型就带有时代的文化印迹。

（二）原创型

与传承型剪纸相比，原创型剪纸有很大的不同。原创型剪纸是指由不太懂传统剪纸造型与技法的妇女所剪出的作品。原创型剪纸没有程式，自由奔放，抒发的是人类童年时期的造型意识与审美情趣。原创型剪纸的代表人物有很多，他们在年轻的时候都没有学过传统的剪纸技法，由于他们都有极强的领悟能力，善于观察生活中动植物和人物的形象，因此，在剪纸时进行了很多艺术处理，比如夸张、变形等，从而创造出了独特的风格（图 5-7-2）。

（a） （b）

图 5-7-2 原创型剪纸

原创型剪纸的作者以剪动物、人物为主，技法上多用简单的传统纹饰，剪出来的作品有一系列的特点，造型十分生动，富有生活气息，除此之外，这种作品还有许多种表现形式。但是，这种艺术风格的剪纸也有一些不足之处，即刀法单一，有时在黑白的处理上显得杂乱。

（三）绘画型

绘画型剪纸指的是接受过民间画工乃至文人绘画影响的剪纸。实际上，大部分的关中剪纸都属于这一范畴。说起绘画型剪纸，就不得不提凤翔这个地方，这个地方十分盛行剪制窗花。这些窗花的制作流程很简单，先让画工起稿，再用刻、剪、染等方法制作而成，可大批量生产，远销陕西的其他地方（图 5-7-3）。

（a）　　（b）

图 5-7-3　绘画型剪纸

二、陕西剪纸的艺术表现形式

经过长期的研究与分析，我们将陕西剪纸的艺术表现形式做了总结，主要归纳为以下五个方面。

（一）单色剪纸

我们常见的作品大多属于这一类。由于材料方便，易于制作，便于布置，深受群众的喜爱。在陕北，剪纸用纸以红色为主，绿色只作为调节色。陕北人喜欢红色，认为“绿丑差”，用绿多了显得俗气。大多数农家，窗花全用红纸剪出，门窗一片红色，更添喜庆的气氛。

在陕北黄土高原南缘的富县、洛川、黄陵和渭北高原上，剪纸大多选红绿二色作为主调，黄蓝二色为调节色。这些地方的人们都认为红绿二色十分吉祥，故而称这两种颜色为“喜色”。婚姻习俗中的“红枣绿核桃”代表着生儿育女，反映了生命循环的愿望。红绿二色对比过分强烈刺激，用少量黄色、蓝色剪成的窗花穿插其中，以加强窗花的色彩变化。

农村人往往认为黑色与紫色不吉利，所以他们从来不在单色剪纸中用这两种颜色。但是，近年来出于展览等需要，他们在单色剪纸中运用了黑色，用黑纸剪出的剪纸以白纸衬托，黑白对比更显强烈，而且具有很高的观赏价值。

（二）点彩剪纸

它是一种着色与手绘相结合的剪纸，一般情况下，手工艺人选用白而薄的吸水性适中的云丹纸，先剪出大形，再阴剪出大的结构线，然后用品色或国画色点染，用墨色勾勒描绘，使剪纸丰富耐看，似中国画中的工笔重彩。点彩剪纸的用色较为写实，花是红色就点染红色，枝是紫色就点染紫色，以达到栩栩如生的艺术效果，有时同一幅大形剪纸作品，由于点彩描画的不同，产生不同的艺术效果（图 5–7–4）。

图 5–7–4　点彩剪纸

（三）立体剪纸

这应该算得上是合阳县罗占花老人的独创，她把戏剧人物造型用不同的色纸分局部剪出，在组合时相互叠压，便有了厚度。有的戏剧人物服饰以皱纹纸、麻纸等综合运用，看上去栩栩如生，堪称一绝。立体剪纸用纸比较讲究，除金童、玉女之类外，还有金山银山、摇钱树中的钱串，其细部常用金箔、银箔剪成。

（四）渗染剪纸

这类剪纸多是选用薄而白的宣纸，30 多张订在一起，刻制好纹样，然后用品色点染完成。渗染剪纸造型单纯，刀法简洁，主要用艳丽的色彩强化其艺术效果。在用色上以红黄绿为主调，在点彩时不考虑形，让色彩自然渗透融合。渗染剪纸主要是用来作窗花，且作为商品和旅游工艺品在市场上销售，销量很大，受到很多消费者的青睐。由此，我们不难看出，这类剪纸的主要目的是营销，这也是与其他剪纸的不同之处。

（五）拼贴剪纸

在关中、渭北高原，拼贴剪纸十分常见。与陕西的其他地方相比，这些地区是比较富裕的，因此纸张的色彩品种较多，妇女认为单色剪纸已经不能满足她们的需求，于是开始尝试用各种色彩剪纸拼贴成花子。除此之外，妇女们还根据手头纸张的色彩种类进行创作，不受单色剪纸需要相互联结的约束，比较自由、随意。通过观察她们的剪纸作品可以看出，这些剪纸的色彩搭配非常有趣，而且它们的画面效果也十分神奇（图 5–7–5）。

图 5–7–5 拼贴剪纸

三、陕西剪纸的设计

（一）外形

如果陕北的妇女们在剪纸时能够剪出一个生动的外形，那么，该剪纸作品就成功了一半。举个简单的例子来说，陕北的妇女们在剪牛的过程中，意识到牛的侧面最容易体现形象特征，牛头不管是正面还是侧面，牛角、牛耳、牛眼都剪成正面的，只有做到这点，才能强化牛的特点；不管在什么动态下，牛的四条腿都必须显露出来，要把牛的本来结构在轮廓中交代清楚。为了突出对象的主要结构特征，她们常常采取夸张变形的手法，对轮廓予以强化。再举个例子来讲，妇女们在剪鸡的过程中，采取夸张头部的方法来强调鸡的形象特征，让人一看就可知是鸡，而将尾变成了花朵，翅膀变成了云勾。妇女们都喜欢剪鱼，也是把大的形象抓住后，鳍、尾随意变化成各种花草纹样。

（二）基本纹饰

陕西剪纸传承了我国剪纸装饰中最传统的基本纹饰，有一套完整的语言符号。这些语言符号经妇女们巧妙地运用，创造出了很有意味的剪纸艺术程式。

陕西剪纸的基本纹饰主要有以下四种。

1. 线纹

线在陕西剪纸中主要起发挥造型、装饰、连接的作用。中国的造型艺术史可以称为用线的历史，中国画、画像石、书籍插图，图案、壁画、民间木版年画、炕围画、锅围画、箱子画都显示出线的独特魅力。线是东方美术造型的基础手段。剪纸也是以线为基本方法，除用作造型外，还用作装饰，以韵律、节奏和刚柔变化传达美感信息（图 5–7–6）。

图 5–7–6　线纹

2. 锯齿纹

锯齿纹无疑是剪纸语言中最具代表性的纹饰。这种基本纹饰是剪纸中带有装饰意味的表意图式。我们举几个例子来讲。如果在动物身上用锯齿纹，象征毛发；如果在禽鸟身上用锯齿纹，象征羽毛；如果在花草上用锯齿纹，那么它就表现色阶的过渡。锯齿纹是尖状的，它与圆润的造型相结合，就能够产生柔中带刚的艺术效果。

3. 花瓣纹

妇女们称花瓣纹为“花瓣瓣”。如果花瓣纹用作鱼的装饰，那就象征片片鱼鳞；如果用作禽鸟的装饰，那么它就象征丝丝羽毛；如果用作畜兽动物的装饰，则会产生一种十分抽象的美感。

4. 圆形纹

圆点与圆孔可以表现花蕊、衣扣等。陕西的一些妇女喜欢给娃娃脖子下边剪一圈圆形纹，仿佛很多珍珠在闪耀。可以说，圆形纹是一种生命符号，有多子的文化内涵（图 5–7–7）。

图 5–7–7　圆形纹

（三）随寓意装饰

随寓意装饰是陕西民间剪纸的一个十分显著的特点，有时看上去剪了一只虎，但内部装饰却与其形象没有关系。举个简单的例子来讲，虎身上装饰的飞鸟、花草等，只是借虎的外形来寓意生殖繁衍、幸福吉祥的文化内涵。

随寓意装饰可分为以下三大类。

1. 意象装饰

白凤兰剪的南瓜，高金爱剪的梨等，都是将其内部的子、核组成好看的图案，不但丰富了剪纸纹饰，而且反映出民间美术“揭示本质”的多子观念。图 5–7–8 所示为陕西的著名剪纸《毛猴抽烟》，该剪纸是反映多子观念的一个很好的例子。

图 5–7–8　毛猴抽烟

2. 抽象装饰

抽象装饰也是为了美，为了更加有趣。举个简单的例子来说，如果在动物身上用花草来装饰，能够使动物看起来更加可爱与活泼。剪纸高手大多选其花样中的一朵花一枝叶或一朵花中的几个花瓣，根据其形象的结构灵活运用。在传统剪纸中，有一部分用抽象的几何纹装饰的剪纸，妇女们充分利用纸可以折叠的特点，把形象的局部折叠，几剪下去，便是一排对称纹饰，把剪纸的技巧发挥得淋漓尽致。

3. 抽象、具象与意象结合的装饰

抽象、具象及意象三种方法相结合的方法在剪纸装饰中最为常见。曹佃祥所创造出来的作品就是一个典型的例子，在他的作品中，动物的主要部位用花草装饰，以抽象的纹饰加进几剪具象的刀法，产生了似与不似的艺术效果。

参考文献

[1] 黄燕群，田非. 旅游工艺品创意设计与制作 [M]. 北京：经济管理出版社，2015.

[2] 沈征，胡亮. 旅游工艺品设计与制作 [M]. 北京：清华大学出版社，2014.

[3] 杨瑞洪，刘晓平，唐平，张青. 旅游工艺品设计与制作基础[M]. 沈阳：辽宁美术出版社，2009.

[4] 王敏. 工艺品（雕塑类）设计与制作 [M]. 北京：高等教育出版社，2014.

[5] 仲富兰. 我们的国家风俗与信仰 [M]. 上海：复旦大学出版社，2012.

[6] 《微经典》编委会. 不可不知的中华民俗常识 [M]. 南京：江苏凤凰美术出版社，2015.

[7] 叶涛. 中国民俗 [M]. 北京：中国社会出版社，2006.

[8] 邹忠，刘敏，刘聚梅. 中国旅游民俗文化 [M]. 北京：中国人民大学出版社，2013.

[9] 黄任元，刘小春. 中国民俗文化概论 [M]. 北京：中国物资出版社，2012.

[10] 张珂，程杰晟. 中国民俗旅游文化[M]. 北京：中国人民大学出版社，2014.

[11] 陈勤建. 中国民俗学 [M]. 上海：华东师范大学出版社，2007.

[12] 陈华文. 民俗文化学 [M]. 杭州：浙江工商大学出版社，2014.

[13] 徐邠，李玫，张海燕. 扬州传统漆艺史[M]. 南京：南京大学出版社，2015.

[14] 沈蓓. 繁华见风物——扬州民间工艺 [M]. 扬州：广陵书社，2013.

[15] 王国平. 西溪民间工艺 [M]. 杭州：杭州出版社，2012.

[16] 陈山桥. 关中陕南剪纸 [M]. 西安：陕西人民美术出版社，2012.
[17] 陈劲松，张勇，彭瑶. 云南特色民间工艺 [M]. 昆明：云南大学出版社，2014.
[18] 石婉茹，马军. 山西民间工艺 [M]. 太原：三晋出版社，2010.
[19] 陈日红. 荆风楚韵——湖北民间手工艺研究 [M]. 北京：文化艺术出版社，2015.
[20] 周莹. 蜡去花现——贵州少数民族传统蜡染手工艺研究 [M]. 北京：中央民族大学出版社，2013.
[21] 柯玲. 中国民俗文化 [M]. 北京：北京大学出版社，2011.
[22] 卢琼. 智慧民间工艺 [M]. 北京：新世界出版社，2008.
[23] 鲍宗豪. 婚俗与中国传统文化 [M]. 桂林：广西师范大学出版社，2006.
[24] 尹雯. 礼仪文化概说 [M]. 昆明：云南大学出版社，2004.
[25] 任骋. 中国民间禁忌 [M]. 北京：中国社会科学出版社，2004.
[26] 高奇. 走进中国民俗殿堂 [M]. 济南：山东大学出版社，2005.
[27] 田自秉，华觉明. 中国传统工艺全集·历代工艺名家 [M]. 郑州：大象出版社，2008.
[28] 高星. 中国乡土手工艺 [M]. 西安：陕西师范大学出版社，2004.
[29] 纳麒. 云南民族民间工艺技术 [M]. 北京：中国书籍出版社，2005.
[30] 徐华铛. 中国传统木雕 [M]. 北京：人民美术出版社，2006.